CHARLES MANSON

LA NOCHE DE LA MASACRE

AMERICAN
BOOK GROUP

INNOVANT PUBLISHING
SC Trade Center: Av. de Les Corts Catalanes 5-7
08174, Sant Cugat del Vallès, Barcelona, España
© 2026, Innovant Publishing SLU
© 2026, TRIALTEA USA, L.C. d.b.a. AMERICAN BOOK GROUP

Director general: Xavier Ferreres
Director editorial: Pablo Montañez
Director de producción: Xavier Clos

Colaboran en la realización de esta obra colectiva:
Directora de márqueting: Núria Franquesa
Project Manager: Anne de Premonville
Office Assistant: Marina Bernshteyn
Director de arte: Oriol Figueras
Diseño y maquetación: Roger Prior
Edición gráfica: Emma Lladó
Coordinación y edición: Adriana Narváez
Seguimiento de autor: Eduardo Blanco
Redacción: Nahuel Machesich
Corrección: Olga Gallego García
Créditos fotográficos: 12, ©Album / KPA-ZUMA; 16-17, ©Photo
by Popperfoto via Getty Images/Getty Images; 27, ©Album /
Rue des Archives / Bridgeman Images / FIA; 34, ©Album / Rue
des Archives / Bridgeman Images / FIA; 41, ©Bettmann / Getty
Images; 52-53, ©Photo by Bride Lane Library/Popperfoto via Getty
Images/Getty Images; 65, ©AP Photo/Wally Fong; 72-73, ©Photo
by Ralph Crane/The LIFE Picture Collection via Getty Images; 84,
©Album / Rue des Archives / Bridgeman Images / AGIP; 94-95,
©Bettmann / Getty Images; 100, ©Album / Mondadori Portfolio;
110-111, ©Garofalo Jack / Getty Images; 125, ©Album / Mondadori
Portfolio.

ISBN: 9781681658957
Library of Congress: 2021946741

Impreso en Estados Unidos de América
Printed in the United States

Índice

Capítulo 1

LA LLAMADA

El sonido del móvil sorprendió a Debra. Faltaban pocas horas para que terminara un domingo cualquiera en su casa a las afueras de Los Ángeles. No esperaba una llamada y era extraño que alguien quisiera comunicarse por teléfono. Atendió sobresaltada y, después de la presentación y de los saludos de cortesía, escuchó el mensaje del oficial de la prisión de Corcoran:

—Hace quince minutos murió el asesino de su hermana. Queríamos que fuera la primera persona en conocer la noticia.

Debra mostró su agradecimiento y colgó. Miró la hora: eran las ocho y veintiocho de la noche. Durante unos segundos, se quedó de pie, el teléfono entre sus manos y la mirada perdida en un punto fijo del salón. Lentamente, sus ojos se fueron llenando de lágrimas. Quizá en ese momento pensó en su madre, Doris, que había luchado hasta el último minuto de su existencia para impedir que los asesinos de su hija se beneficiaran de la libertad condicional. O, tal vez, en su hermana Patricia, que continuó con esa misión hasta que un cáncer terminó con su vida en el año 2000. O en su padre, Paul, que murió en 2005 sin superar el final trágico de su hija mayor.

Debra se había quedado sola. Y, en ese preciso instante, experimentaba la extraña sensación de conocer la primicia que, en pocas horas, llegaría a cada rincón del planeta. Los portales de Internet, los periódicos, las revistas y los programas de televisión mostrarían, una y mil veces, el retrato del hombre que había arruinado la vida de su familia. El mismo rostro que había contemplado durante ocho minutos sin decir una palabra, cuando solicitó a las autoridades de la prisión de Vacaville verlo cara a cara, aunque fuera a través de un vidrio.

Pero eso no sería lo peor. Debra sabía que en los próximos días se recordaría —con morbo y sensacionalismo— el episodio sangriento en el que su hermana había sido asesinada. Seguramente, los canales de televisión emitirían las decenas de películas y los cientos de documentales sobre el caso. Revivir esas imágenes le haría sufrir, aunque era consciente de que tendría que soportarlo.

Secó las lágrimas de sus mejillas y fue a su habitación. Allí colocó una flor debajo de un crucifijo y rezó una oración. Después de escribir un correo electrónico a su excuñado para contarle la noticia, Debra se dirigió hacia una repisa donde estaban las fotos de sus seres queridos. Tomó el retrato donde aparecía con su hermana Sharon en una playa y lo miró durante largos segundos. La imagen había detenido el tiempo para siempre. Prefería recordarla así: joven, sonriente y extraordinariamente hermosa y no como la víctima que protagonizó una de las masacres más espeluznantes de la década de los 60. Esa muchacha de la playa sí era ella, su hermana querida: Sharon Marie Tate.

Capítulo 2

GLAMUR Y HORROR

La figura de Sharon Tate representa el espíritu de una época particular e intensa: la década de 1960 en Estados Unidos. Y el breve camino de su vida quedó marcado a fuego por los sueños y las pesadillas de esos años en que el *flower power*, la cultura hippie, la psicodelia y la experiencia con drogas alucinógenas eran prácticas comunes. El encanto de Tate prometía una exitosa carrera como actriz, que se vio frustrada cruelmente a mitad de camino. Por eso, para muchos, su muerte representa el fin de una cultura, un antes y un después en la historia de Hollywood y del mundo.

Sharon había nacido en Dallas (Texas), el 24 de enero de 1943. Su padre, Paul, trabajaba en el Servicio de Inteligencia de la Armada, motivo por el cual no permanecía mucho tiempo en el hogar. Fue su madre, Doris, quien se encargó de la crianza de Sharon y de sus dos hermanas menores, Debra y Patricia.

La belleza de Sharon no pasó desapercibida. Con solo seis meses, su madre la llevó a participar en el concurso «Miss Bebé de Dallas» y, sin discusión, obtuvo el máximo galardón. Aunque su padre no estaba de acuerdo, Doris apuntaba a su hija mayor en todo concurso de belleza que se publicara en su ciudad o en los alrededores. Así lo hizo también en su adolescencia, y no había vez en la que Sharon no destacara en un certamen. Incluso en su juventud, una fotografía suya apareció en la portada de *Stars and Stripes* ("Estrellas y barras"), una revista militar.

Una constante de la familia Tate eran los traslados de su padre por cuestiones laborales. Con solo dieciséis años, Sharon había vivido en seis ciudades diferentes y eso le impedía mantener amistades duraderas. Quizá esa circunstancia haya marcado algunos rasgos de su personalidad, como la timidez y la falta de confianza. En 1959, las autoridades de las fuerzas armadas tomaron una decisión con respecto a Paul Tate que afectaría a todos los integrantes de la familia: su traslado a Verona, Italia. Ahí, Sharon tuvo sus primeras experiencias en el mundo del espectáculo. Participó en un musical para la televisión y como extra en la película *Barabba* ("Barrabás", de R. Fleisher, 1961).

En 1962, la familia Tate regresó a Estados Unidos y Sharon decidió viajar a Los Ángeles para dedicarse por completo a su carrera artística. A pesar de ciertos cuestionamientos de su padre y de su madre, estaba convencida de lo que quería. Y tenían razones para confiar en ella. Su imagen —ya fuera en persona o en fotografías— irradiaba luz y dulzura. Ella sabía que esa era una buena carta de presentación en Hollywood.

Al principio trabajó como modelo. Era común ver sus fotografías en las portadas de las revistas de moda y en anuncios publicitarios. Sin embargo, sus intentos por participar en series televisivas o películas se veían truncados, porque los productores todavía la veían tímida frente a cámara. De todos modos, consiguió pequeños papeles para algunos capítulos de dos de las series televisivas más importantes del momento: *Mister Ed* ("El señor Ed", 1961-1966) y *The Beverly Hillbillies* ("Los nuevos ricos y Rústicos en Dinerolandia", 1962-1971).

A finales de 1965 y después de varias pruebas de cámara, finalmente fue seleccionada para su primer papel importante en una película: la bruja Odile en el filme británico *Eye of the Devil* ("El ojo del diablo", de J. Lee Thompson, 1967). Gran parte de la filmación se realizó en Francia y, una vez que concluyó el rodaje, Sharon decidió viajar a Londres para conocer el mundo de la moda y el glamur.

Fue en esa época cuando conoció al famoso director de cine Roman Polanski, que planeaba la filmación de una de sus películas más populares: *The Fearless Vampire Killers* ("El baile de los vampiros", 1967). Después de una conversación con el representante de Tate, Polanski decidió darle un papel importante en el filme. Durante el rodaje, el director y la actriz se enamoraron y, rápidamente, se convirtieron en la pareja del momento.

En aquel 1967, Sharon consiguió un papel relevante en la adaptación del *best seller* de Jacqueline Sussann, *Valley of the Dolls* ("El

La joven y bella Sharon Tate iluminó las portadas de varias revistas de la década de 1960. Su primera portada fue para la revista militar *Stars and Stripes* ("Estrellas y barras").

valle de las muñecas", de M. Robson, 1967). La película narraba el ascenso y la caída de tres jóvenes en la industria del espectáculo. Por esa actuación fue nominada a un Globo de Oro y se comenzó a perfilar como una de las promesas de Hollywood; no solo era hermosa, sino buena actriz. A comienzos de ese mismo año, Polanski la convenció para aparecer en la revista *Playboy*. Se publicaron seis fotografías de desnudos o desnudos parciales tomadas por el director durante el rodaje de *The Fearless Vampire Killers*. También en 1967, actuó en la comedia *Don't Make Waves* ("No hagan olas", de Alexander MacKendrick) y en 1968 protagonizó otra comedia *The Wrecking Crew* ("La mansión de los siete placeres", de Phil Karlson). En el rodaje de este filme conoció e hizo una buena amistad con el actor y especialista en artes marciales Bruce Lee.

***

El 20 de enero de 1968, Roman y Sharon se casaron en Londres, en una improvisada ceremonia. En una declaración, el exitoso director comentó sobre su flamante esposa: «Quiero una hippie, no un ama de casa». Sin embargo, de puertas para adentro, las cosas no iban tan bien y la actriz soportaba las infidelidades de Polanski, perdonándolas, pues sentía un profundo amor por él.

Para el mundo, el éxito de *El valle de las muñecas* y del clásico de terror del director polaco, *Rosemary's Baby* ("El bebé de Rosemary" o "La semilla del diablo", 1968), convirtieron a Sharon y a Roman en una de las parejas más glamurosas del mundo del espectáculo. Aparecían frecuentemente en revistas del corazón y ella era cada vez más solicitada en desfiles de moda y anuncios publicitarios gracias a su atractivo impactante: era rubia, medía 1,68 m de altura y su rostro sensual capturaba las miradas de hombres y mujeres. Sharon y Roman se codeaban con lo más selecto de la sociedad del momento. Nombres importantes de la década de oro de Hollywood eran visitas habituales: Ruth

Gordon, Warren Beatty, John y Michelle Phillips, Jay Sebring o Mike Nichols. Por aquella mansión situada frente al mar desfilaron incluso personalidades de la política, como Robert Kennedy.

Lo único que constituía un verdadero conflicto entre ellos era la idea de tener hijos. Sharon deseaba ser madre y adoraba a los bebés, mientras que Polanski era reacio a esa idea y contaba con que su esposa tomaba anticonceptivos para evitar un embarazo. Por eso, según algunos amigos de la actriz, cuando Sharon se quedó embarazada se lo ocultó hasta que se cumplió el cuarto mes de embarazo. La noticia no le sentó bien al director de cine y su primera reacción fue negativa, aunque más tarde acabó aceptando la situación.

Antes de que el embarazo empezara a ser perceptible a simple vista, Sharon filmó en Francia la comedia *The Thirteen Chairs* —título original *12 + 1*— ("Las trece sillas", de N. Gessner y L. Lucignani, 1969) y, después del rodaje, viajó a Londres para reencontrarse con Polanski. En principio, iban a regresar juntos a Estados Unidos, pero el director cambió de idea a última hora y se quedó en Europa.

Antes de partir, Tate le regaló a su marido el libro *Tess, la de los D'Urberville* (1891), de Thomas Hardy. La actriz quería que Roman lo tuviera en cuenta para una posible adaptación al cine. Ninguno de los dos lo sabía, pero el beso que se dieron en el puerto de Inglaterra antes de que Tate embarcara en el Queen Elizabeth II sería el último de su breve, pero intensa, relación amorosa.

De regreso a los Estados Unidos, Sharon contactó con su amiga y agente inmobiliaria, Elaine Young, con el fin de que la ayudase a encontrar un nuevo hogar para criar a su hijo. Pero no tuvo que buscar mucho; la actriz se enamoró de la primera casa que vieron durante su paseo por los barrios más lujosos de Los Ángeles.

Se encontraba en la localidad de Benedict Canyon, en el distrito de Beverly Hills, sobre la calle Cielo Drive 10050. La mansión era de estilo rural francés con una vista panorámica de la ciudad. Estaba construida con piedra y madera, y decorada con un revestimiento exterior de tablas y listones de color rojo tomate. Emplazada en un gran terreno de 12.000 m², estaba rodeada por tres grandes barrancos que protegían el gran predio.

La actriz quedó encantada con la mansión: chimeneas de piedra, techos con vigas a la vista, ventanas con paneles, un altillo sobre el salón, una piscina y una casa de huéspedes, además de los hermosos pinos y cerezos en flor del jardín que la rodeaban. Su anterior inquilino había sido el productor musical Terry Melcher, hijo de la actriz y cantante Doris Day.

Sharon la llamó *Love House* (la Casa del Amor); pero jamás pudo imaginar que, al elegir esa casa como hogar para su familia, lo que había hecho, en realidad, era firmar su propia sentencia de muerte.

Ocho y nueve de agosto

De las portadas de las revistas de moda y espectáculos, Sharon pasó a las crónicas policiales. Sucedió de la noche a la mañana y sin que nadie pudiera anticipar ni sospechar nada. Así fue el final para Sharon: trágico, brutal e inesperado. Cuando la muerte llega de esa manera, no hay modo de encontrarle una razón, sucede en un día normal, sin previo aviso. Ese terrible momento ocurrió en la madrugada del 9 de agosto de 1969, después de una jornada distendida entre amigos.

Aquella mañana, Sharon se levantó y desayunó mientras leía el periódico. La casa era demasiado grande para ella sola. Echaba de menos a Roman, aunque a veces se enfadara con él. Imaginaba las infidelidades de su marido en Londres, pero eso no era lo que más le preocupaba. En realidad, le entristecía sentirlo tan lejos en ese momento tan importante para ella. Solo faltaban dos semanas para que naciera el pequeño Paul Richard, y ansiaba el momento de tenerlo en brazos y poder besarlo. No quería quedarse sola cuando eso sucediera, deseaba que Roman estuviera junto a ella cuando empezaran a criar al bebé en esa hermosa mansión que había elegido para verlo crecer y jugar en el jardín de Cielo Drive.

A las doce y media del mediodía, Sharon recibió a sus amigas Joanna Pettet y Barbara Lewis, que también eran actrices. Las había invitado a comer y la reunión se alargó hasta bien entrada la tarde. La conversación se centró en el bebé que estaba a punto de llegar y los regalos que le iban a hacer. También dedicaron un momento para charlar sobre el vínculo con Polanski.

La anfitriona les contó a sus amigas que estaba planeando una fiesta de cumpleaños para su marido, pero que no sabía en qué fecha iba a regresar a Los Ángeles. Después de despedir a sus invitadas, Sharon se retiró a descansar, pues se sentía muy cansada por el embarazo. Al despertarse, decidió llamar a Polanski para pedirle que volviera y, quizá, para espantar la sensación de soledad. Sin embargo, y muy a su pesar, su marido no le aseguró una fecha, poniendo como excusa el esfuerzo que le requería la búsqueda de exteriores para el rodaje de su película.

A los pocos minutos, recibió la llamada de su hermana menor, Debra, que le preguntó si podía ir a visitarla junto a unos amigos y pasar juntas el fin de semana. Sharon trató de no herirla al negarle esa posibilidad y se disculpó amablemente. Tras protestar un poco, Debra lo entendió y se despidieron con la promesa de verse pronto. La última vez que estuvieron juntas fue el 20 de julio, el día en que la familia Tate había compartido la llegada del hombre a la Luna en el televisor de la mansión de Cielo Drive.

Esa misma tarde, una pareja amiga visitó a Sharon en la mansión. Se trataba de Abigail Folger, de 25 años y heredera de una famosa empresa de café, y el polaco Wojciech Frykowski, de 32 años, amigo de Polanski.

Hacia el atardecer, Jay Sebring, el exnovio de Sharon, los invitó a cenar a su restaurante favorito: El Coyote. Sabring era uno de los peluqueros más codiciados en el ambiente hollywoodense. Sharon había dejado a Jay por Roman hacía algunos años y, con el tiempo, habían reconstruido una relación amistosa de la que también formaba parte el director.

Sobre las diez y media de la noche regresaron a la mansión y, un par de horas después, la casa se convertiría en un lugar en el que, como era habitual en esa época en Los Ángeles, tendría lugar una reunión entre sofisticados integrantes del mundo del espectáculo y *outsiders* de la sociedad californiana. El cóctel sería explosivo y culminaría con una de las masacres más sangrientas y recordadas de la historia de Estados Unidos.

***

Alrededor de medianoche, un Ford blanco y amarillo modelo 1959 circulaba lentamente por Cielo Drive. Era el fin de una jornada muy calurosa en el lujoso Beverly Hills y la calle parecía tranquila, con poco movimiento. El reflejo de la luna se filtraba entre la arboleda y el silencio era absoluto. De pronto, el coche se detuvo frente al número 10050. Charles "Tex" Watson, de 23 años, sabía cómo llegar. Había recorrido esos senderos unos días antes. En el vehículo también viajaban tres mujeres: Susan Atkins, Patricia Krenwinkel, ambas de 21 años, y Linda Kasabian, apenas un año más joven.

Mientras ellas vigilaban, Watson trepó un poste de teléfonos y cortó los cables que conectaban el hogar de los Polanski con el mundo exterior. Tanto Tex como las mujeres iban vestidos de negro y llevaban cuchillos de doble filo. Watson, en particular, llevaba también consigo un revólver Buntline Special calibre 22 y trece metros de cuerda blanca de triple trenzado enrollada en su hombro. En el coche dejaron una bolsa con ropa limpia.

En el momento en el que iban a entrar en la casa, escucharon el ruido de un motor que provenía del interior de la finca.

La policía custodia la mansión de los Polanski o *Love House*, como la llamaba Sharon, en Cielo Drive 10050, distrito de Beverly Hills.

Se trataba de un Rambler blanco de dos asientos conducido por Steven Parent, un joven de 18 años que había ingresado hasta la casa del vigilante de la mansión, William Garretson, para venderle una radio con reloj.

Watson salió al encuentro de Steven y antes de que el conductor pudiera abrir la boca le hizo un corte en la muñeca izquierda con el cuchillo y le disparó cuatro veces. Tras comprobar que estaba muerto, empujó el coche hasta unos arbustos y ordenó a Linda que se quedase en la parte delantera de la casa vigilando, por si alguien se acercaba al lugar. Ella nunca entró a la mansión.

El resto del grupo logró entrar después de que Tex rompiera la ventana de una habitación vacía de la fachada principal y les abriera la puerta de entrada.

Ya en el interior, Susan, Tex y Patricia se encontraron con Frykowski, que dormía profundamente en el sofá cubierto con una bandera norteamericana. Los murmullos y los movimientos extraños no tardaron en despertarlo, pero cuando lo hizo tenía un revólver frente a su cara. Le obligaron a mantener silencio y ataron sus manos con una toalla.

Luego, Susan recorrió a hurtadillas y sigilosamente cada rincón de la casa. Observó cómo Abigail leía recostada, y unos metros más allá, en otra habitación, vio a Sharon y Jay Sabring que conversaban sentados en la cama.

De regreso al punto donde estaba Tex junto a Patricia y su primer rehén, informó de lo observado y el líder de la banda le ordenó que capturase a cada una de las personas que había visto. Y así lo hizo, a punta de cuchillo y sin perder un minuto.

Ya reunidos todos en la sala, Tex ató a Jay con la cuerda. Para asegurarse de que no iba a escapar, rodeó su cuello con la misma soga, pasó el otro extremo por encima de una de las vigas del techo y lo ató al cuello de Sharon. Jay se quejó porque las ataduras estaban muy fuertes y por los malos tratos que estaba recibiendo su amiga embarazada.

Algunas versiones dicen que quiso arrebatarle el arma a Watson. Lo cierto fue que recibió un disparo en la axila que le perforó un pulmón y quedó tendido en el suelo. Mientras Sharon y Abigail gritaban en estado de shock, Tex se dedicaba a patear la cara del estilista. Ese fue el preludio de un ataque que sería mucho más salvaje y sangriento.

Inmediatamente después de disparar, el líder de la banda exigió que le dieran todo el dinero que había en la casa. Abigail ofreció su monedero, pero en él solo había 70 dólares. Sharon rogaba por un poco más de tiempo para conseguir más dinero. Tex parecía no escucharla, porque se inclinó hacia donde yacía Sebring y le asestó varias puñaladas en la espalda. Se dio la vuelta y con sus ojos inyectados en sangre vaticinó el futuro de Tate, Folger y Frykowski: les repetía que todos iban a morir.

Entonces, Watson le ordenó a Susan que matara al polaco que pocos minutos antes estaba durmiendo plácidamente sobre el sofá. Cuando la joven se acercó para cumplir la orden, Frykowski consiguió soltar sus manos de la atadura y le golpeó en la cabeza. El impacto no fue certero ni potente, porque Susan todavía pudo arrojarse sobre él y logró apuñalarlo cuatro veces en las piernas y dos en la espalda.

Con la idea de acabar definitivamente con aquella rebelión, Tex le disparó dos veces, pero eso no fue suficiente para liquidarlo. Tirado en el suelo, seguía luchando por su vida. La osadía de Frykowski enfureció a Watson, que se acercó y le propinó decenas de culatazos en su rostro hasta romper la empuñadura de nogal del revólver y desfigurarle la cara. El ensañamiento fue más sangriento todavía cuando advirtieron que Frykowski había conseguido levantarse e intentaba escapar para pedir ayuda. Pero no lo consiguió debido a su lamentable estado. Fue Watson quien decidió terminar con su vida: lo apuñaló frenéticamente una y otra vez hasta que dejó de respirar. Su cuerpo quedó tendido sobre el césped de uno de los jardines de la casa.

Patricia tampoco escuchó los ruegos de Abigail y la acuchilló varias veces, pero sin provocarle heridas letales. De modo que logró escapar y correr por el jardín gritando para pedir ayuda. Sin embargo, rápidamente fue alcanzada cerca de la piscina en una verdadera cacería humana. Tex también había salido y se encargó de liquidar a Abigail de un modo despiadado: le cortó el cuello y le asestó varias puñaladas más.

Para completar asegurar la escena, Tex le ordenó a Patricia que revisara la casa pequeña del jardín y que matase a quien estuviera allí. Ese era el hogar del vigilante Garretson, que se encontraba adentro en ese momento. Sin embargo, en un giro afortunado para el vigilante, la joven decidió no hacerle caso a su jefe.

Dentro de la casa, se encontraba Sharon Tate, amarrada a un hombre muerto e intentando liberarse de las cuerdas. Cuando Susan descubrió que intentaba escapar, se dispuso a matarla. En vano, Sharon rogó por su vida y por la de su hijo.

Entre sollozos, la desvalida víctima no hacía otra cosa que suplicar compasión. Pero sus ruegos no fueron escuchados. La famosa actriz de Hollywood fue apuñalada varias veces en el pecho y la espalda por Tex y, posiblemente, también por Susan. Su cuerpo sin vida quedó tendido junto al sofá, sobre una alfombra y a pocos metros de su amigo Jay, con quien compartía la atadura de una cuerda.

Sharon Tate tenía solamente 26 años. Su sueño de ser madre y convertirse en una estrella de cine se vio truncado esa noche.

Antes de abandonar la mansión, la banda dejó un sello siniestro en el lugar del crimen. Susan empapó una toalla con la sangre de Sharon y escribió la palabra «pig» ("cerdo") en el exterior de la puerta principal.

Ya en la calle, Linda les esperaba al volante del vehículo. Se marcharon dejando la puerta principal abierta de par en par, y en el suelo dos huellas de los pies de Susan en un charco de sangre y el cuchillo que utilizó ella misma para atacar a Frykowski.

Durante el trayecto, se deshicieron de la ropa manchada con sangre y de las armas blancas.

El viaje hasta el rancho donde vivían duró unos 40 minutos. Quedaba en medio del desierto, a las afueras de Los Ángeles. Luego, los jóvenes, desconocidos hasta ese momento y sin antecedentes violentos, descansaron tranquilamente dentro de unos sacos de dormir. Faltaban pocas horas para que la sociedad se enterase de los asesinatos que habían cometido y que iban a conmocionar a toda la comunidad hollywoodense y al mundo entero.

Después de la masacre

Winifred Chapman era una mujer menuda, de tez morena y pelo ondulado. El 9 de agosto, cerca de las ocho y media de la mañana, caminaba tranquilamente por la calle Cielo Drive. Estaba completando el trayecto entre la parada de autobús y su lugar de trabajo. Hacía un año y cuatro meses que era el ama de llaves en la mansión ubicada en Beverly Hills perteneciente a una de las parejas más famosas del espectáculo: Polanski-Tate. Ese día, sin saberlo, su nombre quedaría vinculado al caso ya que sería la primera persona ajena a los hechos en observar la escena del crimen.

Al entrar en la residencia, vio los cables del teléfono cortados, aunque no le llamó particularmente la atención. Caminó por el trayecto de siempre e hizo lo mismo de cada día: apagó las luces exteriores, recogió el periódico y abrió la puerta trasera. A continuación, cogió el teléfono y confirmó que la conexión estaba cortada. No reparó en las pequeñas manchas extrañas que había.

Con una voz dulce pero firme comenzó a llamar a Sharon. Quizá percibió algo extraño en la atmósfera o el vaho denso de la muerte. Recorrió lentamente las habitaciones de la casa hasta que su grito invadió el lugar. Frente a ella, yacían los cuerpos sin vida y ensangrentados de Jay y Sharon. Sin titubear, corrió a toda velocidad los 100 m que la separaban de la residencia más cercana para llamar a la policía.

Cuando los agentes llegaron, no había nada por hacer. Primero detuvieron al vigilante Garretson, pero este juró que él era inocente y que no había escuchado nada. Posteriormente se inició el protocolo de rigor: inspeccionar el lugar, obtener muestras de huellas digitales, tomar fotografías y recoger los cuerpos.

Era mediodía cuando llegó el representante de Polanski, Bill Tennant, para reconocer los cuerpos sin vida. Pudo hacerlo con todos, excepto con el joven Parent. Después de vomitar en el jardín, llamó a Roman. Cuando escuchó la noticia de las muertes, el director —que aún estaba en Europa— en un principio pensó que la causa de la tragedia había sido un desprendimiento de rocas en las colinas. Algo similar sucedió con la familia de Tate. Ellos supusieron que el motivo había sido un incendio en la casa hasta que les dieron la información completa. Nadie podía imaginar la magnitud de semejante atrocidad.

***

Los investigadores, bastante desorientados con respecto al caso, analizaron los indicios en la escena del crimen, pero no pudieron determinar con certeza qué había ocurrido. La primera y principal hipótesis que se trasladó a la opinión pública fue que los asesinatos estaban relacionados con el negocio de drogas. Sostenían esa postura porque en la casa habían hallado hachís, marihuana, cocaína y MDA (una anfetamina). A esa versión oficial se sumó otra un tanto más oscura y siniestra, que también tuvo eco entre los periodistas y otros medios de comunicación. Un policía que había participado de la investigación declaró que lo que había visto en la casa era «muy parecido a un ritual». Esas palabras fueron el detonante para una serie de teorías e historias sobre orgías sexuales y drogas, e incluso sobre rituales satánicos.

Un día después de los crímenes, el periódico *Los Angeles Times* sugería esta versión. Por su parte, el *Sunday News* titulaba en portada y en un gran titular que la actriz y cuatro personas más habían sido asesinados durante un ritual. La revista *Time* se atrevió a establecer paralelismos entre la filmografía de Polanski y los asesinatos: «Era una escena tan terrorífica como las que aparecen en las incursiones cinematográficas de Polanski por los oscuros y melancólicos rincones del alma humana».

Este tipo de interpretaciones alentaron las versiones que aseguraban que Roman había ordenado matar a Tate porque no quería tener un hijo. Por último, varias revistas y periódicos publicaron fotos de Sharon en las que, supuestamente, se la veía en un ritual satánico cuando, en realidad, se trataba de fotogramas de la película *El ojo del diablo*.

Cada una de las noticias y de los rumores que circulaban por el ambiente hollywoodense y la ciudad parecían querer encontrar a los culpables de semejante masacre entre las propias víctimas.

Lo único real entre tantas historias macabras e investigaciones equivocadas fueron los resultados de las autopsias. En ellas se determinó que Sharon Tate recibió 16 puñaladas, de las cuales cinco le produjeron una hemorragia interna masiva, por lo que resultaron letales. El cuerpo inerte de Sebring tenía un disparo y siete cuchilladas, y la causa de muerte había sido el desangramiento. Folger padeció 21 heridas con arma blanca. El examen del cuerpo de Frykowski determinó que había recibido 51 puñaladas, 13 golpes en la cabeza y dos disparos. Por último, Parent, la primera víctima de la masacre, tenía en su cuerpo cuatro disparos de arma de fuego.

Las novedades del caso llegaban a la opinión pública mientras los fallecidos recibían sepultura. Sharon fue enterrada con el bebé entre sus brazos el 13 de agosto en el cementerio Holy Cross. El sepelio fue multitudinario y el dolor de ese día era tan grande como el pánico que se respiraba en el ambiente. Hollywood se sentía consternado y paralizado. En los periódicos se publicaba que algunas estrellas de cine se estaban marchando de la ciudad, mientras que otros famosos instalaban sistemas de seguridad en sus casas y compraban armas y perros guardianes. La sensación de peligro se extendía entre los ricos.

Polanski, profundamente angustiado, sospechaba que los asesinos eran amigos muy cercanos de la pareja. Entre ellos, dudaba de Bruce Lee. El actor experto en artes marciales había sido invitado a la casa de Cielo Drive la noche del 8 de agosto, después de la cena de Tate y sus amigos en El Coyote, pero en el último momento decidió no asistir.

Sin embargo, eso no fue lo único que el director de cine tuvo en cuenta para señalarlo como posible asesino. Durante los allanamientos en la casa de Cielo Drive, la policía había encontrado unas gafas oscuras que Lee reconoció como propias. Dijo que las había olvidado tras una visita a la mansión. Polanski no le creyó y desconfió de él durante mucho tiempo. Solo dejó de hacerlo cuando aparecieron los verdaderos asesinos.

Polanski estaba desesperado por la muerte de su mujer y su hijo y necesitaba averiguar quiénes habían sido los responsables de semejante atrocidad. Para ello, consultó a una vidente, encargó su propia investigación y ofreció una recompensa de 25.000 dólares a quien pudiera brindar información que ayudara a resolver el caso. Habían pasado casi tres meses desde el suceso y no había ni un solo detenido ni un sospechoso. Sin embargo, mientras el departamento de policía de Los Ángeles asignaba recursos para acelerar la investigación, una joven desconocida hasta el momento desveló el misterio.

***

Se trataba de una tal Susan Atkins, que casualmente había sido detenida por la policía junto a otros malhechores en el condado de Inyo a causa de diversos actos delictivos. Tener que compartir

El testimonio de Susan Atkins ante el jurado:
la revelación que precipitó los arrestos.

mucho tiempo con otra persona potenció una de las aficiones de la joven: le encantaba charlar. Quizá por eso terminó por confesarle a su compañera de celda el misterio que la policía no lograba dilucidar: le contó que había participado en los crímenes de la calle Cielo Drive y que la intención había sido cometer un crimen que conmocionara al mundo.

También le reveló que ella y sus compañeros tenían en el punto de mira a Richard Burton, Elizabeth Taylor, Frank Sinatra, Steve McQueen y Tom Jones.

Motivada por la recompensa que ofrecía Polanski, Virginia Graham decidió comunicar a las autoridades la información que Susan le había referido en la celda. A partir de ese momento, todo se desencadenó a gran velocidad. El fiscal de Los Ángeles interrogó a Susan Atkins y le propuso un trato: que testificara ante el gran jurado a cambio de no pedir la pena de muerte para ella.

Entonces, Susan hizo lo que más le gustaba hacer: hablar. Pero quizá lo hizo en exceso, porque en su testimonio reveló que pertenecía a un grupo conocido como «la Familia». Además, dio los nombres de los involucrados en los crímenes ocurridos en Cielo Drive y, para sorpresa de la Policía de Los Ángeles, en la casa de los LaBianca. Los cuerpos de Leno y Rosemary LaBianca habían sido hallados sin vida un día después de la matanza de Cielo Drive, también acuchillados y rodeados de mensajes escritos en las paredes de la casa. Sin embargo, ambos casos no se habían relacionado hasta ese momento.

El fiscal obtuvo los nombres de los principales sospechosos: Charles "Tex" Watson, Patricia Krenwinkel, Linda Kasabian, Leslie Van Houten y, por último, la persona que lideraba el grupo y que pasaría a la historia. Charles Manson.

Las órdenes de arresto se precipitaron y en pocas horas todos estaban detenidos. Pero había una pregunta en Hollywood, en Estados Unidos y en el mundo entero que se escuchaba todo el tiempo y en cada rincón: ¿quién era Charles Manson?

Capítulo 3

UN PASADO
DE PRIVACIONES

C uando el 1 de diciembre de 1969 el departamento de policía de Los Ángeles anunció las detenciones de Charles Watson, Leslie Van Houten, Patricia Krenwinkel y Linda Kasabian; Charles Manson ya llevaba varios días bajo arresto.

Había sido capturado el 12 de octubre en el Valle de la Muerte, California, acusado por el robo de coches en un rancho de la zona.

Pero fue su vinculación con los casos Tate-LaBianca, después de la confesión de Susan Atkins, lo que catapultó su imagen a las portadas de los periódicos y revistas. Las crónicas del momento lo describían como un hombre bajo, con mucho pelo, barba descuidada, y con ojos castaños y penetrantes. Su rostro infundía miedo, su gestualidad era desafiante y su mirada irradiaba una intensidad satánica.

Tan solo había que ver la fotografía que ocupaba la primera página de la revista *Life* del 19 de diciembre de 1969.

El epígrafe «Charles Manson, cult leader ("lider de culto")» en el margen inferior izquierdo, acompañaba un retrato que provocaba pánico. Un hombre apuesto con cara de loco, y que parecía sonreír estando serio, miraba desde la portada de *Life*. Puede que fuera en ese momento cuando el mundo comenzó a volverse extraño. Porque *Life* no era solamente la revista más prestigiosa del momento, sino que, además, su nombre quería decir «Vida», y quien se presentaba en ella, mirando a través del papel, había cometido una atrocidad, rindiendo culto a la muerte.

Pero, al mismo tiempo, la imagen generaba un magnetismo morboso que suscitaba todo tipo de dudas y de planteamientos.

¿Quién era aquel hombre pequeño (medía 1,57 m de altura) y aspecto debilucho al que la policía consideraba el principal sospechoso de los asesinatos que habían conmocionado a Los Ángeles? Y, por otro lado, ¿cabría la posibilidad de que ese hombre despiadado y sanguinario del que todos hablaban hubiera sido, en realidad, un niño inocente?

Infancia y abandono

Antes de ser Manson, Charles fue Maddox. Ese era el apellido de su madre, y con el que fue registrado el 12 de noviembre de 1934, en Cincinnati, Ohio. Kathleen tenía solamente 16 años cuando tuvo a su hijo, al que no puso nombre al nacer. Pasaron varias semanas hasta que decidió llamarle Charles Milles.

Kathleen era hija de una mujer religiosa y estricta, y de un trabajador ferroviario que siempre que podía le consentía sus caprichos. Era un embarazo no deseado y la joven tuvo que afrontarlo sola, teniendo en cuenta que, además, tenía serios problemas con el alcohol. En 1937 Kathleen interpuso una demanda judicial por paternidad contra un tal Walker Scott. Algunas versiones indican que se trataba de un coronel, mientras que otras lo describen como un estafador de poca monta.

Gracias a la justicia, obtuvo el reconocimiento de la paternidad, pero nunca recibió ningún apoyo económico del hombre con el que había tenido un romance fugaz. Existen varias versiones, pero es posible que Manson nunca conociera a su padre biológico. Pocos meses antes de que Charles naciera, su madre se casó con un obrero llamado William Manson, que fue quien le dio su apellido al niño.

La infancia de Manson estuvo marcada por un acontecimiento que él mismo explicaba y que, de alguna manera, simboliza cómo fueron sus primeros años. Kathleen había decidido tomar unas copas en un bar y, como no tenía con quién dejar a su hijo, lo llevó con ella. El pequeño tenía cuatro años.

Estuvo bebiendo y coqueteando con los hombres del lugar y, bien entrada la madrugada, una camarera se acercó a su mesa y le dijo que tenía un niño precioso. Entonces, Kathleen le agradeció el cumplido y le propuso algo un tanto extraño: cambiarle el niño por una jarra de cerveza.

La camarera sonrió ante la propuesta y, a pesar de que se lo tomó en broma, le siguió el juego a la mujer y apoyó una jarra

La confesión de Susan Atkins incriminó a Charles Manson por los homicidios cometidos en la mansión de los Polanski.

sobre la mesa. Después de bebérsela, Kathleen llamó nuevamente a la camarera y le pidió si podía cuidar a Charles mientras iba al baño. La madre de Manson no regresó a buscarlo y la mujer del bar no tuvo otra opción que llevárselo a su casa. Varios días después el tío de Manson lo recuperó.

La situación no mejoró tras ese episodio. Al poco tiempo, en 1939, Kathleen y su hermano fueron condenados a cinco años de prisión por un robo a mano armada. Entonces, el niño tuvo que ir a vivir con sus tíos en McMechen, Virginia Occidental, donde lo educaron siguiendo una estricta disciplina basada en una profunda religiosidad. En aquel entorno, Charlie —como lo llamaban— continuó mostrando una conducta difícil.

Las mentiras eran el plato de cada día y los impulsos violentos empezaban a ser frecuentes en situaciones cotidianas. En una ocasión, mientras su prima Jo Ann estaba ordenando su habitación, el niño se acercó por detrás con una hoz en la mano. La había encontrado en el patio y, al parecer, quería usarla. Su prima, asustada, logró imponerse y sacó a Charlie de la habitación con un empujón. El pequeño se enfadó tanto que comenzó a destrozar la puerta con la hoz. Antes de que pudiera entrar otra vez, llegaron los tíos y rescataron a su hija, que no paraba de temblar asustada en un rincón. Cuenta la historia familiar que los ojos de Charles ardían de ira, como si estuviera poseído por el diablo.

Cuando su madre salió de la cárcel, él tenía ocho años. Según contaría el propio Manson mucho tiempo después, en ese momento vivió la situación más feliz de su infancia: al reencontrarse con su madre, ella lo abrazó. A partir de ese momento, vivieron juntos con diferentes parejas de Kathleen, en sitios lúgubres y poco saludables.

Tiempo más tarde, en 1943, la madre de Manson se casó con un viajante e intentó superar su problema con el alcohol. Mientras tanto, Charles comenzaba a dar sus primeros pasos en el mundillo delictivo y aprendía a lidiar con otros niños.

Cuentan que una Navidad recibió un peine decorado con imágenes de Superman. Su abuela le dijo que, si se peinaba mucho con su nuevo peine, podría volar como el superhéroe. Al enterarse, sus amigos del vecindario comenzaron a burlarse de él. El pequeño Manson no tardó en desquitarse: les robó sus juguetes y les prendió fuego.

Tal vez, consciente de que no podía hacerse cargo de él, su madre decidió internarlo en un orfanato, pero no consiguió plaza. Finalmente, un tribunal decidió enviarle a una escuela para niños sin hogar, en Terre Haute, Indiana. A los diez meses, el pequeño Manson se escapó y volvió junto a su madre, pero esta lo rechazó y obligó al niño a regresar a la escuela.

Tiempo después, Charles escribió que ese gesto de su madre le había amargado muchísimo y que, de esa manera, había experimentado el verdadero odio. Sea cierto o no, aquello supuso su incursión definitiva en el ambiente del delito.

Siendo solo un adolescente, Manson debutó como criminal en Indianápolis entre 1947 y 1948 (las fechas no coinciden entre los historiadores), donde perpetró su primer hurto conocido en una tienda de comestibles. La intención era obtener algo para comer, pero Charles encontró 100 dólares dentro de una caja de cigarrillos que los vendedores ocultaban debajo del mostrador y se los robó. Con el dinero alquiló una habitación y compró comida para los siguientes días. Durante una temporada, trabajó entregando correspondencia para la empresa Western Union; aunque continuaba con sus pequeños robos para complementar su humilde sueldo. Pero la libertad duró poco. Fue detenido en 1949 y enviado al Father Flanagan's Boys' Home, un instituto religioso para menores ubicado en Omaha, Nebraska. Pero su estancia duró solo cuatro días, ya que, junto a otro niño de 13 años llamado Blackie Nielson, escaparon y cometieron dos atracos a mano armada. Aprendían de un tío de Nielson, a quien veían como un delincuente profesional.

Charles fue arrestado nuevamente y trasladado al reformatorio Indiana Reform School for Boys, en Plainfield, Indiana. Allí estuvo tres años, aunque con diversas interrupciones porque se escapó 18 veces. Sus maestros afirmaban que Manson no confiaba en nadie y él mismo contó alguna vez que allí fue violado en varias ocasiones por sus compañeros. El régimen era bastante duro, pero el joven convicto fingía no estar en sus cabales para obtener cierta compasión de las autoridades. Se trataba de una técnica de defensa personal y de supervivencia que, tiempo más tarde, Charles llamaría «el juego del loco». Cuando era atacado físicamente por sus compañeros o celadores, comenzaba a gritar, hacer muecas y a agitar los brazos para convencer a sus agresores de que se encontraba desquiciado mentalmente.

Se fugó definitivamente de la Escuela en 1951. Junto con otros dos niños, escapó en un coche robado y emprendieron rumbo al oeste. En el trayecto asaltaron unas 20 gasolineras. Fueron detenidos en Utah y Charles fue enviado entonces a la National Training School for Boys, en Washington D.C. De esa manera, comenzaría un largo camino por reformatorios estatales.

Durante su permanencia en este lugar, Manson fue evaluado con diferentes pruebas psiquiátricas. Algunas de ellas determinaron que era analfabeto, pero que su coeficiente de inteligencia estaba un poco por encima de la media, y que tenía un carácter agresivo y antisocial.

En uno de sus informes, el psiquiatra Block escribió lo siguiente sobre el joven: «Su pequeño tamaño físico y su falta de amor parental lo llevan a esforzarse constantemente en construir estatus con los otros niños. Uno tiene la sensación de que detrás de todas sus mentiras hay un joven extremadamente sensible, que aún no se ha resignado a encontrar algún tipo de amor y afecto en el mundo». ¿Sería verdad?

La situación comenzó a mejorar para él. Una de sus tías había pedido que tuviera algunos permisos de salida, pero un nuevo acto de violencia hizo que todo volviera al principio. Manson sodomizó a un menor, mientras sostenía una navaja en su cuello.

Después de aquello, fue trasladado al The Federal Correctional Institution de Petersburg, Virginia. Allí su conducta no puede decirse que mejorara. Según las autoridades de la institución, cometió «ocho delitos disciplinarios graves, tres relacionados con actos homosexuales».

Más tarde, fue transferido a un reformatorio de mayor seguridad en Chillicothe, Ohio. En este lugar, después de una temporada de buen comportamiento, consiguió la libertad anticipada en mayo de 1954. Sin embargo, los psiquiatras de la institución no estaban muy seguros de la decisión. Durante su estancia en el centro, se había registrado numerosa información sobre sus traumas psíquicos y las conductas antisociales de Manson.

Sin embargo, Charles finalmente fue liberado. Tenía 19 años y se le presentaba una nueva oportunidad para arreglar su vida. ¿La aprovecharía?

Familias frustradas

Después de salir del reformatorio de Chillicothe, Manson vivió un corto período de tiempo con sus tíos y con su madre. En enero de 1955, se casó con la camarera de un hospital llamada Rosalie Jean Willis, de 17 años. Charles complementaba sus ingresos obtenidos en trabajos mal remunerados —ayudante en un aparcamiento y botones— con aquello que ganaba robando coches.

En octubre de ese año, hizo un viaje en coche hasta Los Ángeles junto a Rosalie, que ya estaba embarazada. Pero aquel trayecto iba a concluir antes de tiempo. Manson fue arrestado y acusado de un delito federal por viajar con un vehículo a través de las fronteras estatales.

Esa acusación agravó el hecho de no haberse presentado en una audiencia relacionada con otro robo, por lo que fue condenado a tres años en la The Federal Correctional Institution,

Terminal Island, una cárcel de baja seguridad, en Los Ángeles, California, cerca de San Pedro.

Mientras Manson estaba preso, Rosalie dio a luz a su hijo Charles Manson Jr. Durante el primer año, Charles veía regularmente a su esposa, pero a partir de marzo de 1957, las visitas eran cada vez más esporádicas, hasta que dejaron de producirse. El motivo lo conoció más tarde gracias a su madre: Rosalie estaba viviendo con otro hombre.

En esa época llegó a sus manos un libro que, a la luz de los acontecimientos posteriores, cobraría un sentido dramático. Se trataba de *Cómo ganar amigos e influir sobre las personas* (1936), el bestseller de Dale Carnegie. A pesar de sus dificultades con la lectura, Manson se interesó por los conceptos clave que proponía ese libro de autoayuda.

Faltaba poco para llegar al final de su condena cuando le llegó la demanda de divorcio interpuesta por Rosalie. Por ello, nada más recuperó la libertad, Manson tuvo que encontrar rápidamente un empleo que le permitiera afrontar los gastos de manutención de su hijo.

Su nuevo empleo no tenía nada que ver con aquellos trabajos poco valorados. Manson se dedicó a trabajar como proxeneta en el sur de California. En mayo de 1959, lo detuvieron nuevamente por falsificar un cheque de 37,50 dólares, y, debido a sus antecedentes, fue sentenciado a diez años de prisión. Sin embargo, un acontecimiento inesperado le iba a salvar de entrar en la cárcel inmediatamente.

Una joven fingió que estaba embarazada de él y le suplicó al juez Mathes que no lo encerrara, asegurando que ella lo iba a mantener lejos del delito. El magistrado, conmovido, le otorgó la libertad condicional. El nombre de esa mujer era Leona "Candy" Stevens y tenía 19 años. Además de convertirse en la segunda esposa de Manson (se casaron en enero de 1960) y algunos años después, en la madre de su segundo hijo —se llamó Charles Luther y nació en 1963—, también trabajó para él como prostituta.

Al salir en libertad, Charles trabajó como tabernero, pero no por mucho tiempo. La «vida normal» terminó e infringió la ley de nuevo. Fue arrestado por hurtar coches y utilizar tarjetas de crédito robadas, pero la falta de pruebas le permitió esquivar la prisión. Evidentemente, Charles tenía suerte y «carisma».

De todos modos, el FBI lo vigilaba y monitoreaba cada uno de sus movimientos. Por eso, no fue difícil atraparlo de nuevo. El robo de un Triumph descapotable y el posterior viaje en ese vehículo hacia Nuevo México, junto a Stevens y a otra adolescente a la que también prostituía, permitió comprobar que había violado la libertad condicional.

Manson quiso que su mujer volviera a rogarle al juez por su liberación, pero esta vez, Stevens declaró en contra de su esposo para salvar su propio pellejo. Mientras Charles esperaba el juicio, ella fue a visitarlo un par de veces. Esas fueron las últimas ocasiones en que se vieron. La pareja se divorció en abril de 1963 y Manson nunca llegó a conocer a su segundo hijo.

En la audiencia de la sentencia, el recluso realizó una extraña petición al juez. Lejos de rogar por su inocencia, le solicitó que lo encarcelaran porque la vida en prisión le daba más estabilidad.

El magistrado, el mismo que lo había liberado después de la solicitud de su novia, le contestó: «Si ha existido algún hombre totalmente indigno de la libertad condicional, ese es usted».

Así, el 29 de mayo de 1961, Charles Manson fue enviado nuevamente a una prisión federal para cumplir los diez años de prisión que había dictaminado el juez unos meses atrás. Tenía 26 años.

Nuevamente encerrado

En julio de 1961, Manson fue trasladado desde la cárcel de Los Ángeles hacia la penitenciaría federal en McNeil Island, en el estado de Washington. Su madre se mudó cerca de la prisión y

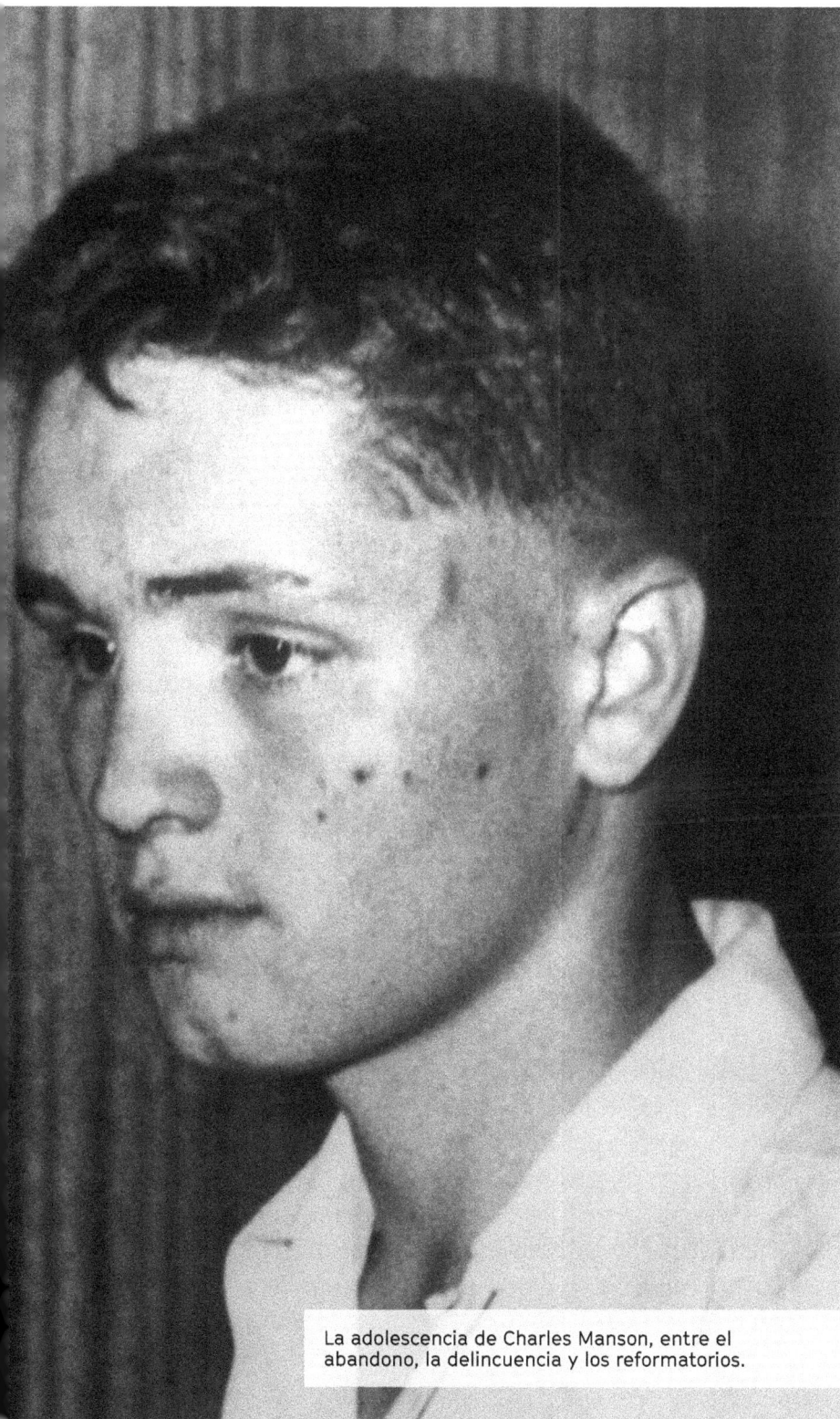

La adolescencia de Charles Manson, entre el abandono, la delincuencia y los reformatorios.

consiguió trabajo como camarera. Puede resultar sorprendente, pero lo hizo para poder visitar a su hijo.

Una de las primeras inquietudes que tuvo en su nueva estancia en prisión fue el acercamiento al budismo y a la cienciología. Las autoridades percibieron que se encontraba en un proceso interior para «reencontrarse con él mismo» y consideraron que ese tipo de filosofías eran de gran ayuda para él.

Junto a su compañero recluso Lanier Rayner, Manson completó unas 150 horas de una técnica cienciológica llamada «auditación», que tiene como objetivo que cualquier individuo pueda alcanzar el camino correcto hacia estados superiores de la conciencia espiritual. Pero Manson no siguió interesado en ello por mucho tiempo. Repentinamente, afirmó que la cienciología le parecía muy «loca» y dejó de practicarla.

Charles optó entonces por otros intereses, quizá impulsado por lo que recogía un informe psiquiátrico realizado en 1964. En él se aseguraba que tenía "una inmensa capacidad para llamar la atención". Manson empezó a tocar la guitarra y dio sus primeros pasos en la música y con aquel instrumento de la mano de Alvin Karpis, líder de una organización criminal dedicada a robar bancos y secuestrar a hombres ricos.

Fue Manson quien le pidió que le enseñara a tocar. Karpis se apiadó de la historia de su infancia y decidió hacerse cargo de Charles dentro de la cárcel. Las horas que pasaban tocando la guitarra se convirtieron en un momento de contención para él. Años después, el viejo gánster recordaría esos encuentros musicales en sus memorias: «El pequeño Charlie eran tan vago y desganado que creí que no le iba a dedicar el tiempo suficiente para aprender. Pero, para mi sorpresa, aprendió rápido».

Nadie podía sospecharlo: ni sus compañeros reclusos, ni los guardias que lo vigilaban las 24 horas, ni las autoridades de la cárcel, ni los psiquiatras que lo evaluaban, ni siquiera el propio Karpis. Pero, a partir del instante en que comenzó a rasgar la guitarra y a conocer las canciones de los Beatles, la música transformó la vida de Manson de un modo decisivo. ¿Carismático y artista? Claro que sí, no cualquiera se convierte en un «líder de culto».

En junio de 1966, Manson fue trasladado a la prisión Terminal Island, en California, para evaluar la posibilidad de que obtuviera una reducción de condena y pudiera salir antes de la cárcel. Allí Manson forjó una amistad con Phil Kaufman, un hombre vinculado con el mundo de Hollywood y la industria de la música. Su nuevo compañero de cárcel estaba detenido por tráfico de marihuana y Charles vio en él una oportunidad para concretar su sueño de ser compositor y cantante.

Y no era para menos. Phil era productor de discos, mánager de giras y había trabajado con músicos de la talla de Gram Parsons, los Rolling Stones, Joe Cocker, Emmylou Harris o Frank Zappa. No cabía duda: Charles era un tipo con suerte.

Manson continuaba tan obsesionado con su guitarra que hasta pidió a las autoridades el trasladado a una prisión más severa en disciplina —la de Leavenworth— porque, según aseguraba él, allí sus compañeros no protestarían tanto al escucharlo tocar.

El invierno estaba terminando en Estados Unidos y se acercaba el día de su liberación. Cada vez que tenía oportunidad, Manson les hacía saber a sus compañeros, guardias y autoridades de la cárcel que no quería irse.

Mientras tanto, Kaufman le aconsejaba sobre los pasos que debía seguir para cumplir con sus expectativas musicales. Quería que trabajara más sus canciones para que, cuando estuviera en libertad, visitara al productor musical Gary Stromberg.

Manson supo escucharlo y tomó nota. El papel con el nombre quizá le daría un poco de confianza ante la incertidumbre que representaba estar libre otra vez.

Además de su habilidad musical, los informes psicológicos de la cárcel determinaron que tenía una gran habilidad contando historias, y que era cautivador y carismático; cualidades que sabía aprovechar muy bien para manipular a sus compañeros y a quienes le rodeaban. El propio Alvin Karpis dejó constancia de ello en sus memorias: «Manson era una especie de enano con mucha experiencia para manipular. Yo mismo me sentí manipulado por él».

Finalmente, el 21 de marzo de 1967, Charles salió de la cárcel, aunque insistía en quedarse, pues no se sentía preparado para vivir fuera.

Las autoridades de Terminal Island oyeron sus argumentos, pero no contradijeron las órdenes de la justicia. Así que Manson no tuvo otra opción que recuperar su libertad, por contradictorio que parezca. Tenía 32 años y había pasado más de la mitad de su vida encerrado en prisiones e instituciones de menores.

«No tengo planes para cuando salga de aquí, y no sé dónde ir», se le había escuchado decir semanas antes de su liberación. Lo cierto fue que no tardaría demasiado tiempo en hacer nuevos planes y, mucho menos, en encontrar un lugar adonde ir.

Capítulo 4

LOS *SWINGING SIXTIES*

En ciertas ocasiones, un hecho trágico ocurrido en un determinado lugar y tiempo puede marcar un antes y un después en el devenir cotidiano, como si se produjera un corte y sintiéramos que esa época acaba de concluir.

Algo así sucedió a finales de 1969, cuando la mayoría de los asesinatos perpetrados por el clan Manson ya eran conocidos por la mayoría. Entonces, se comenzó a percibir en Estados Unidos la agonía de una etapa que había revolucionado las vidas de millones de personas. Irónicamente, ese clima que proponía paz, libertad, música, amor libre, experiencias con drogas, cambios en el arte y la moda, y otros fenómenos contraculturales, concluyó de manera sangrienta. De hecho, las cuchilladas que recibieron Sharon Tate y sus amigos, así como los LaBianca, también implicaron la muerte del movimiento hippie.

Indudablemente, Charles Manson fue uno de los protagonistas. ¿Es posible que un criminal marcara el final de esa etapa? ¿Fue el producto de esa época o se trató de una anomalía excepcional? ¿Hubiera sido viable el surgimiento de una figura como él en otro contexto?

Estas son algunas de las preguntas que muchos se hicieron, y que aún siguen vigentes en la actualidad al intentar comprender aquellos actos tan atroces.

El verano hippie

En 1967, muchos jóvenes de Estados Unidos escuchaban una canción que se había convertido en un himno generacional. Se trataba de «San Francisco», el tema de Scott McKenzie, que John Phillips, integrante de The Mamas & The Papas, se encargó de entonar en cada festival. El primer verso era un consejo que nadie debía desatender si decidía viajar hacia la ciudad de la costa oeste: *If you are going to San Francisco, be sure to wear some flowers in your hair* («Si vas a San Francisco, asegúrate de usar algunas flores en tu cabello»).

No sabemos si Manson colgó unas coloridas flores en su pelo revuelto, pero ese año —después de ser liberado— se dirigió hacia allí. Llegó con su guitarra, sus escasas pertenencias y su deseo de convertirse en un cantante famoso. La ciudad no era una metrópoli cualquiera en esa época: además de la bahía sobre el océano Pacífico, el impresionante Golden Gate Bridge y su bonito tranvía; el lugar experimentaba una revolución juvenil liderada por el movimiento hippie.

Es más, durante la década de los 60, California era el epicentro de esa cultura. Los jóvenes lideraron su propia revolución manifestándose en contra de los conflictos bélicos y la violencia, y enarbolaron la bandera del amor y del sexo libre como respuesta a las normas más conservadoras de la sociedad norteamericana. No querían llevar una vida similar a la de sus progenitores, que anhelaban alcanzar nivel de vida acomodado que se materializaba con la posesión de una casa, un coche, un televisor y un par de hijos. Ellos querían otro mundo.

¿Era una locura? No. Se trataba de una verdadera revolución cultural que —además de las drogas, la música, el pelo largo y un particular modo de vestir— expresaba una nueva forma de existencia basada más en la espiritualidad y la vida en comunidad que en el materialismo y el individualismo. A fin de cuentas, el movimiento hippie constituyó un fuerte, aunque pacífico, cuestionamiento del «sueño americano».

Y los festivales de música eran el espacio donde esa cultura era más visible. En enero de 1967 se realizó en el Golden Gate Park de San Francisco el Human Be-In, donde participaron bandas de rock como Jefferson Airplane o The Grateful Dead y poetas «beatnik» como Allen Ginsberg y Lawrence Ferlinghetti. En junio del mismo año, en Monterey (California), se llevó a cabo otro importante festival, del que fueron protagonistas Jimi Hendrix, Janes Joplin, The Who, Ravi Shankar y The Mamas & The Papas, entre otros.

Mientras esos aires nuevos se respiraban en la costa oeste, Manson deambulaba por las calles de San Francisco sin un rumbo fijo. En junio de 1967, unos tres meses después de su llegada, miles de personas comenzaron a llenar las calles y los parques de la ciudad para celebrar lo que se conoció como el «Verano del Amor». Se trató de una gran concentración que consolidó el espíritu de aquellos años, la cresta de la ola del movimiento hippie en Estados Unidos. Una incontable cantidad de jóvenes, estudiantes universitarios y turistas de todo el mundo llegaron para vivir una auténtica experiencia de libertad, música y amor libre.

Y San Francisco se convirtió en la meca. Allí, Charles Manson forjó su carácter y experimentó el cambio más radical de su vida: pasó de ser un exconvicto a un líder hippie mesiánico. También, comenzó a consumir LSD —una de las drogas más populares en esa época— y a captar a sus seguidores.

¿Habrá aprovechado esa efervescencia para transformarse en un gurú manipulador de mentes pobres e ingenuas? No lo sabemos. Lo cierto es que, además de su carisma, el momento era ideal para que Manson formara su propia comunidad hippie.

El «Verano del Amor» duró unos tres meses. Los espacios públicos se colmaron de personas que tocaban instrumentos, bailaban, cantaban y realizaban alguna performance artística. Los hombres lucían barba, pelo largo y pantalones acampanados, y las mujeres vestían con largas faldas, camisas con colores psicodélicos y no llevaban sujetador.

Era difícil no toparse a cada paso con el símbolo de la paz y el aroma de la marihuana que prevalecía en el ambiente. La experiencia alucinógena con LSD era habitual, así como las Volkswagen Combi, que además de ser hogar y vehículo de miles de hippies, decoraban las calles con sus coloridos diseños.

Esta corriente constituyó un verdadero estilo de vida que pretendía forjar un mundo sin violencia y crear una sociedad alternativa. Y desde esa perspectiva libre y contestataria, mantuvo posiciones firmes con una agenda social y política propias durante la década de 1960, sobre todo con respecto a dos grandes temas: el fin de la guerra de Vietnam y la igualdad de derechos entre negros y blancos.

Por la paz y la igualdad

La guerra de Vietnam estuvo presente durante toda la década de los 60. Fue el trasfondo trágico y sangriento del «sex and drugs and rock & roll» ("sexo, drogas y rock & roll"). Una multitud de compatriotas (jóvenes también) morían mientras asesinaban a niños y mayores con napalm al otro lado del mundo, en un conflicto bélico que pocos entendían.

En ese contexto, surgieron las marchas pacifistas que exigían el final del conflicto. Fueron creciendo de forma gradual, pero el 21 de octubre de 1967 alcanzaron uno de sus momentos más álgidos, al realizar marchas multitudinarias contra la guerra de Vietnam en diferentes ciudades de Estados Unidos. Solo en Washington, 100.000 personas se congregaron frente al monumento a Lincoln y, más tarde, 50.000 manifestantes marcharon hacia el Pentágono. Allí, los participantes habían previsto el lanzamiento de 10.000 flores sobre el organismo estatal de defensa, pero la acción fue impedida por la policía.

Finalmente, en 1969, más de medio millón de personas protagonizaron en Washington la manifestación antibelicista más grande hasta entonces. Pero la guerra no terminó, y las manifestaciones se mantuvieron hasta el final del conflicto en 1975.

Otro de los movimientos que destacó durante los años 60 fue el encabezado por la comunidad afroamericana. Comenzó en 1955, cuando Rosa Parks (famosa activista por los derechos de los negros) se negó a ceder su asiento en el autobús a un hombre blanco, y continuó hasta el final de la década siguiente. Los afroamericanos lucharon por eliminar la segregación racial, especialmente en el sur del país. Fue un tiempo en que los negros no podían compartir las mismas escuelas, ni los mismos medios de transporte, ni los mismos baños que los blancos, ni estudiar en una universidad junto a ellos.

Uno de los primeros líderes que surgieron en esa llamada a garantizar los derechos civiles fue el religioso Martin Luther King, que predicó la no violencia y la desobediencia de la población para exigir al gobierno la implementación de una nueva legislación.

El principal hito de su liderazgo ocurrió el 28 de agosto de 1963 cuando pronunció en Washington, y ante unas 200.000 personas, su histórico discurso: «Tengo un sueño». En él, proclamó la igualdad entre blancos y negros: «Tengo un sueño: que mis cuatro hijos vivan un día en una nación en la que no serán juzgados por el color de su piel, sino por su reputación», dijo en un fragmento.

Pero gran parte de la sociedad norteamericana blanca no tenía intención de ceder su posición de dominio. El surgimiento del grupo racista Ku Klux Klan, que se dedicaba a la «caza» y matanza de activistas negros, fue un buen ejemplo de esa intolerancia racial. Además, los asesinatos de los líderes negros, como Malcolm X el 21 de febrero de 1965 y el mismo King el 4 de abril de 1968, pusieron en peligro la continuidad de la lucha por los derechos civiles y provocaron importantes disturbios en muchas ciudades.

En ese contexto de fricción entre ciertos grupos afroamericanos y la policía, surgió, en octubre de 1966 en Oakland (California), el Partido Black Panther Party (Panteras Negras para la Autodefensa). En un principio, su intención era proteger de la persecución policial a los residentes negros de la ciudad, para lo que promovió la autoprotección con armas de fuego. Pero también impulsó programas sociales de provisión de alimentos y asistencia médica para los más necesitados. Mientras que diferentes sectores liberales y de izquierda —incluidos muchos integrantes de Hollywood— miraban con buenos ojos la aparición de los Black Panther Party, el FBI creía que representaban una amenaza para el orden nacional.

Y no solo lo creía el FBI: Charles Manson también odiaba a los Black Panther Party, por quienes sentía un profundo desprecio y temor.

***

Y ni el FBI ni Manson eran los únicos que pensaban así. El entonces gobernador republicano de California y, posteriormente presidente, Ronald Reagan, definió al hippie como «un tipo con el pelo como Tarzán, que camina como Jane y que huele como Chita», y para defenderse de Tarzán, creó en 1968 un grupo operativo sobre disturbios y tumultos.

Era normal. La Guerra Fría estaba en plena ebullición y la interpretación que realizaban la mayoría de los políticos era simple: los grupos pacifistas que pedían el fin de la Guerra de Vietnam y la igualdad entre negros y blancos eran financiados por el régimen comunista de la Unión Soviética.

Y no solo lo creían los republicanos conservadores como Reagan, sino también los demócratas como Lyndon Johnson, heredero del gobierno de Kennedy después de que este fuera asesinado. Johnson ordenó a la Agencia de Inteligencia (CIA) que investigara a esos pacifistas y hippies, pues se creía que recibían dinero del exterior y que, entre sus miembros, había «agentes extranjeros», es decir, comunistas.

La década de los 60 se caracterizó por esa tensión constante. Fue un tiempo de espionaje y contraespionaje, de intercambio de espías y de las constantes tensiones con la URSS que hacían temer por el estallido de una nueva guerra. La «crisis de los misiles» de 1962 con Cuba había sido un claro ejemplo. El mundo entero se mantuvo en vilo durante días, hasta que Kennedy y el primer mandatario ruso, Nikita Jrushchov, sellaron un acuerdo. También lo fue la carrera espacial y los pasos de Neil Amstrong sobre la Luna el 20 de julio de 1969, que fueron trasmitidos por televisión y vistos por miles de espectadores.

Pero la década estaba llegando a su fin y Charles Manson iba a ser el autor del epílogo: un escritor que solo sabía escribir con sangre.

Fin de una época

En 1969 John Lennon y Yoko Ono recibieron a la prensa en su cama para reclamar la paz mundial. Sin embargo, durante aquel año se iban a desencadenar una serie de acontecimientos que anunciaban el fin del movimiento hippie: el concierto de rock en Altamont, el festival de Woodstock y los asesinatos del clan Manson.

El concierto de Woodstock, que tuvo lugar en el estado de Nueva York durante tres días (del 15 al 18 de agosto de 1969), constituyó una especie de anuncio de lo que estaba a punto de ocurrir: un estallido que haría saltar por los aires el idealismo de paz y amor. Aunque los protagonistas fueron la música y las drogas, el festival se situó cronológicamente entre dos hechos marcados por la muerte y el horror. Así, mientras Jimi Hendrix rasgaba su guitarra en Woodstock, todavía no se conocían las identidades de los asesinos que habían matado salvajemente a siete personas en la casa de Cielo Drive. Aquello se conocería el 1 de diciembre de 1969, cuando el Departamento de Policía anunciara la detención de «la Familia» al completo.

Cinco días después, se realizó en Altamont, California, un recital de rock patrocinado por los Rolling Stones, en el que los miembros de seguridad mataron a cuchilladas a un espectador afroamericano que había mostrado un arma de fuego en plena actuación de la banda inglesa. El concierto fue el capítulo final de la utopía hippie.

Después de la masacre en la mansión de Sharon Tate y de la violencia en el concierto de Altamont, no había manera de separar la identidad hippie de las ideas de muerte, descontrol y tragedia. La ilusión de una sociedad basada en paz, amor y libertad había acabado para siempre.

Y Manson había estado siempre allí, como un protagonista inesperado y maldito. Así como su llegada a San Francisco había coincidido con el «Verano del Amor», apogeo del movimiento hippie; las matanzas Tate-LaBianca se produjeron siete días antes del inicio de Woodstock.

¿Fue pura coincidencia o era aquel el momento ideal para un personaje tan siniestro como él? ¿Hubiera sido posible Charles Manson sin los hippies? Parece que no, si ahora leemos atentamente el titular de la famosa portada de *Life*, que saldría solo cuatro meses después: «The Love and Terror Cult» ("El amor y el Culto del terror"). El amor, ¿qué amor? ¿El amor hippie? Ya no existía, había muerto.

Como dijo Ringo Starr, batería de The Beatles: «Las muertes detuvieron la onda hippie en seco, pues toda esta violencia ocurrió en medio de la paz, el amor y la psicodelia».

Nada volvió a ser lo mismo para nadie después de los asesinatos. Y nada volvió a ser lo mismo, sobre todo, para Charles Manson.

Seguras de sí mismas y sin arrepentirse por los asesinatos cometidos, las jóvenes Patricia Krenwinkel, Susan Atkins y Leslie Van Houten se dirigen a declarar ante la corte de Los Angeles.

Capítulo 5

LA GESTACIÓN
DE UN ASESINO

En marzo de 1967, después de haber sido liberado de la prisión Terminal Island, en Los Ángeles, Manson se dirigió a San Francisco. Cuando llegó tenía pocas pertenencias, o casi ninguna: algo de ropa, una guitarra y un libro que consiguió en sus paseos por las calles de la ciudad. Se trataba de una novela de ciencia ficción titulada *Forastero en tierra extraña* (1961), de Robert A. Heinlein.

A pesar de ser casi un analfabeto, Charles se las ingenió para leerla a su manera o pedirle a alguien que lo hiciera en voz alta. Se había obsesionado con esa historia en la que su protagonista, Valentine Michael Smith, un ser humano criado en Marte, dotado de poderes hipnóticos, desciende a la Tierra con un objetivo: crear una raza nueva y perfecta. Para conseguirlo, invita a otras 20 personas, en su mayoría mujeres, a las que inicia en el sexo y las lleva a vivir a su «nido». Entre las condiciones para habitar en ese lugar, está la exigencia de que se sometan siempre a su voluntad. La sumisión debe ser total. Los miembros del grupo comen y duermen juntos, y uno de sus rituales sagrados es el acto de «compartir agua». Adoran a los niños y desean conseguir un estado de conciencia pura que les permita comunicarse telepáticamente.

La filosofía del protagonista plantea que la muerte no existe, y que matar personas protege a las almas de las víctimas porque les permite reencarnarse. La secta tiene enemigos que quieren impedir la búsqueda de la perfección cristalizada en seres humanos puros y perfectos. Así es como los seguidores de Michael comienzan una batalla contra ellos. Después de vencerlos, Michael se transforma en el «mesías» de una nueva raza que, a partir de ese momento, reinará sobre la faz de la Tierra.

Cuando dos años más tarde los hombres y mujeres de Estados Unidos y del mundo se enteraron de que Charles Manson había leído ese libro antes de las masacres perpetradas por su clan, no podían salir de su asombro. Las coincidencias entre la ficción y la trágica historia que en esos días se contó en los periódicos eran increíbles.

¿Podría haber sido cierto que una inofensiva novela se hubiera transformado en la causante de los asesinatos más horrorosos en la historia del país? ¿Las matanzas y el *modus operandi* de Manson estaban escritos desde hacía años, como si se tratara de una profecía? ¿Era posible explicar esas muertes sangrientas a través de las páginas de un libro de ciencia ficción?

La vida es un misterio real. Pero, al parecer, una novela no sería suficiente para entender lo sucedido. Los motivos que explicarían el surgimiento de un líder criminal y de su séquito respondían a múltiples razones, todas más profundas que una simple historia literaria.

«La Familia»

Manson había sido liberado bajo una condición: no podía cometer ningún delito. Estaba en libertad condicional y cualquier problema con la ley lo devolvería tras las rejas. Además, se le había asignado un agente federal, que lo supervisaría, y con el que debía estar en contacto permanente. Se llamaba Roger Smith y Charles lo consideró su «protector» durante esos primeros meses. Cuando llegó a San Francisco, Manson sintió la exaltación de caminar por calles revolucionadas por jóvenes que vestían de un modo extraño y predicaban el amor y la paz.

«Los tiempos están cambiando», cantaba Bob Dylan, y quizá nunca había sido tan cierto. Estados Unidos, en general y California en particular, se habían transformado de un modo radical desde la última vez que Charles había estado libre. Sin embargo, el exconvicto se adaptó con una facilidad asombrosa.

Lo primero que hizo fue recorrer el sitio hippie por excelencia en San Francisco: Haight-Ashbury, un barrio próximo al Golden Gate Park, lleno de puestos de ropa de segunda mano, librerías, tiendas de discos, restaurantes y casas victorianas. Como tantos otros, tocaba la guitarra y cantaba en la acera mientras los jóvenes se apiñaban a su alrededor para ver y escuchar el espectáculo callejero. Manson tenía unos años más que su público, algo que, sumado a su carisma y magnetismo, facilitaba la ascendencia que ganaría sobre ellos.

Durante las primeras semanas en la ciudad, Manson conoció a Mary Brunner, de 24 años, bibliotecaria de la universidad de Berkeley y quien sería, al año siguiente, madre de su tercer hijo. Al poco tiempo, ella renunció a su trabajo y él fue a vivir a su apartamento. Quizá, en un sentido metafórico, Mary fue su primera víctima, y es muy posible que en ese encuentro se haya gestado el embrión de lo que meses después sería «la Familia».

Al poco tiempo, otra mujer comenzó a vivir con ellos y, lentamente, la casa se transformó en punto de encuentro y hogar para muchos. En un momento, Mary y Charles llegaron a compartir la residencia con 18 personas. No pasaba un día en el que Manson no se dedicara a seducir y a reclutar seguidores.

En su mayoría, se trataba de mujeres jóvenes con vidas emocionales problemáticas. Casi todas habían huido de sus hogares por algún conflicto con sus padres y querían vivir la experiencia hippie. Manson sabía qué decirles y las hacía sentirse bien y protegidas. Tenía una especial habilidad para conversar sobre lo que su interlocutor quería escuchar. En general, los seguidores de Charles eran personas de voluntad débil, ingenuas y fáciles de manipular.

El encuentro entre Manson y Patricia Krenwinkel, una de las integrantes más famosas del clan, fue emblemático. La joven había desarrollado un problema hormonal que derivó en bulimia y, por eso, comía en exceso todo el tiempo, lo que la hacía sentir fea y no deseada. Cuando Charles la vio por primera vez, se acercó y le dijo: «Eres la mujer más bella que he conocido en toda mi vida». Luego la tomó de la mano, la llevó a una habitación y tuvieron sexo.

Pero, además de su poder de convicción y de su personalidad dominante, Manson comenzó a utilizar otro recurso para alterar las personalidades de los hombres y las mujeres que se acercaban a él: el LSD y las anfetaminas.

***

Charles permaneció en San Francisco desde finales de la primavera de 1967 hasta junio de 1968. Durante ese tiempo, logró convertirse en el gurú de un grupo al que bautizó «la Familia». Era el líder indiscutido y todos sus miembros le veneraban, considerándole un representante de Dios en la Tierra. Los caprichos de Manson se cumplían sin discusión y nadie se atrevía a cuestionar sus ideas. Lentamente, el clan fue adoptando una postura *new age* antisistema con ingredientes variados, como el ecologismo, el cristianismo apocalíptico, el amor libre y el rechazo a la moral convencional.

Durante su estancia en la ciudad, los integrantes de «la Familia» recorrían las calles de Haight-Ashbury, donde funcionaba, desde junio de 1967, la Clínica Médica Gratuita, fundada por David Smith. Las consultas más comunes en tiempos del «Verano del Amor» eran las sobredosis y las enfermedades de transmisión sexual. El centro de salud trataba a centenares de pacientes cada día y los hippies solían esperar en largas colas. Uno de los que más concurría, junto con un grupo de mujeres, era Charles Manson. Las «chicas de Charlie», como se las conocía en los pasillos de aquel dispensario, solían pedir atención médica por embarazos no deseados.

En 1971, con posterioridad a los asesinatos, David Smith escribió el libro *Love needs care* ("El amor necesita cuidado") en donde dio detalles de aquello: «Las mujeres que lo acompañaban atendían cualquier necesidad de él, no hablaban si no se les hablaba primero, y se referían a Manson como Cristo o

J.C.». Además, describió la metodología que utilizaba el líder de «la Familia». Según el director de la clínica, Manson combinaba el LSD, con juegos mentales y el misticismo para someter a las mujeres a prácticas sexuales no convencionales. Trataba a las jóvenes como objetos y buscaba anularles el ego. «Eran recipientes vacíos que admitían prácticamente cualquier cosa que él vertiera dentro», aseguró Smith.

Una de esas jóvenes era Susan Atkins, que, cuando cayó bajo el hechizo de Manson durante el verano de 1967, ya tenía antecedentes delictivos que le obligaban a presentarse regularmente ante su agente de la condicional de San Francisco. El 10 de noviembre de ese año, Atkins la llamó y le narró una historia que inquietó a su interlocutora: había participado en una boda comunitaria con otras siete mujeres. Todas se habían casado con Charly y saldrían de viaje por California en un autobús.

Unos años atrás, había sido un autobús escolar. Ahora, después de adaptarlo a las necesidades del grupo, era el vehículo de «la Familia». Durante cuatro meses, estuvieron viajando entre San Francisco y Los Ángeles, e incluso llegaron al norte de México. En todo ese tiempo, nadie reparó en ellos y pasaron desapercibidos como una banda más de hippies itinerantes que vagaban por la costa oeste sin rumbo fijo.

Sin embargo, un día de abril de 1968, el titular del diario *Los Angeles Times* informó de lo siguiente: «Autobús accidentado al caer en una zanja: agente encuentra hippies desnudos y dormidos entre la maleza». Las crónicas del periódico y otros que también se hicieron eco del accidente fueron las primeras voces que hablaron sobre «la Familia».

La noticia contaba que un policía, que estaba realizando la ronda nocturna en la carretera de la Costa del Pacífico, descubrió el vehículo averiado en un lado del camino. Cuando se acercó al lugar, pudo observar cuerpos desperdigados entre la vegetación. Se trataba de nueve mujeres y cinco hombres.

Primero pensó que estaban sin vida, pero casi inmediatamente se dio cuenta de que dormían. Después de comprobar las placas del vehículo, advirtió que había sido robado en Haight-Ashbury. Lentamente, les despertó, les ordenó que se vistieran y les detuvo, mientras les aseguraba que serían trasladados a la prisión. Al escuchar eso, Mary Brunner salió de su estado de somnolencia y gritó que su hijo se encontraba en el autobús.

La muchacha se acercó junto al agente al vehículo y encontró a su bebé de tan solo una semana de vida —que se llamaba igual que el protagonista de la novela que había obsesionado a Charles Manson, Valentine Michael—. Estaba enfermo, sucio y con llagas en todo el cuerpo.

La detención no era una buena noticia para Manson, que estaba en libertad condicional. Cualquier conflicto con la ley le devolvería a la cárcel. Sin embargo, después de un día en el calabozo, quedó en libertad, igual que el resto de los integrantes del grupo.

Unas semanas después, sería apresado otra vez por tenencia de drogas, pero lo volvieron a absolver. Las investigaciones actuales se preguntan sobre esa inmunidad que favorecía a un exconvicto, pues no existía ninguna razón que explicara esa forma de actuar por parte de la justicia. Mientras tanto, Manson formaba «la Familia» sin disimulo frente a la policía de San Francisco, y enviaba a sus seguidores a diferentes pueblos de California para reclutar a más personas. Una de esas excursiones haría posible el encuentro entre Charles y uno de los músicos del momento: Dennis Wilson, batería de The Beach Boys.

La historia cuenta que un día de la primavera de 1968, Wilson conducía su lujoso Ferrari rojo por la carretera cuando le llamó la atención la presencia de dos mujeres que estaban haciendo autostop. Eran Ella Jo Bailey y Patricia Krenwinkel. Detuvo el vehículo y las llevó en su coche durante un rato.

Días después, la escena volvió a repetirse, pero esta vez el músico les propuso ir a su casa a tomar leche y galletas. Durante la merienda, las chicas le contaron sobre su líder y el grupo al que pertenecían. A los pocos días, después de largas horas de ensayo, el batería llegó a su casa y vio que en el salón principal había nada menos que 12 personas, entre ellas, mujeres semi-desnudas. Rápidamente, divisó a Bailey y Krenwinkel, las chicas que había subido al coche, y eso lo tranquilizó; pero, de repente, apareció un hombre pequeño, barbudo y con mirada eléctrica. Wilson se asustó al verlo, temía que le hicieran daño. Sin embargo, Charles se presentó como el líder de «la Familia» mientras se agachaba a besarle los pies.

Esa noche fue el inicio de un verano de desenfreno y descontrol. La casa de Wilson —ubicada en Los Ángeles, hacia el final de Sunset Boulevard, en Pacific Palisades— se transformó en la sede de fiestas interminables en las que el sexo y las drogas eran lo habitual.

La lujosa mansión de Wilson estaba en un terreno de más de 8.000 m² y poseía 31 habitaciones. Era el lugar ideal para que «la Familia» se instalara a vivir, y eso hicieron. Pasaban la mayor parte del tiempo sentados, fumando marihuana y escuchando a Manson tocar la guitarra.

Las mujeres, por su parte, eran meros instrumentos: cocinaban, lavaban la ropa y debían tener sexo cuando cualquier hombre lo quisiera. La prioridad siempre la tenía el dueño de casa. Así, Charles utilizaba los servicios sexuales de sus chicas para conseguir determinados beneficios o alcanzar ciertos fines. Y, en este caso, el objetivo era claro: pretendía que la cercanía con un músico de primera línea le permitiera cumplir su sueño de ser un cantante famoso.

Uno de esos días, Wilson recogió a Charles "Tex" Watson mientras estaba haciendo autostop y lo llevó a su casa. Casi inmediatamente, el recién llegado se convirtió en otro nuevo integrante de «la Familia», y no sería uno cualquiera: formaría parte de los planes más macabros de Manson.

La llegada de Charles "Tex" Watson a Los Angeles para ser procesado en octubre de 1971.

La prédica antimaterialista del líder hizo mella en la mente de Wilson que, con la intención de renunciar a los símbolos del capitalismo, donó al grupo su ropa y algunos de los discos de oro de The Beach Boys.

Tan compenetrado estaba con la filosofía de Manson que incluso lo mencionó en una entrevista que le realizó la revista británica *Rave*: «El miedo no es nada más que conciencia. De niño yo estaba asustado porque no entendía el miedo... Todo venía de dentro. A veces el Brujo me da miedo. El Brujo es Charles Manson, un amigo mío que se considera dios y el diablo. Canta, toca música y escribe poesía, y quizá acabe siendo otro artista de Brother Records, el sello de los Beach Boys».

Manson y Wilson eran inseparables. El músico solía invitar a su nuevo amigo hippie a varias de las veladas hollywoodenses. Fue allí donde Charles logró codearse con las principales estrellas del cine y de la música, entre ellos, con el productor musical Terry Melcher. Manson puso especial atención en él. Quizá lo viera como una posibilidad para comenzar su carrera como músico.

Encuentro tras encuentro, el vínculo entre ellos fue creciendo. Incluso, el productor mostró interés por la música de Charles. Es más, en una oportunidad Wilson acercó gentilmente a Melcher hasta su casa en Cielo Drive 10050. Allí había vivido Melcher, en la misma casa que comprarían Sharon Tate y su marido. Esa fue la primera referencia que Manson tuvo del lugar que quedaría asociado a su nombre para siempre.

Hacia finales del verano de 1968, Wilson se hartó de pagar las cuentas de una fiesta que no acababa nunca y echó a «la Familia» de su casa. No era para menos, entre comida, ropa, reparaciones varias y los tratamientos para la gonorrea, el batería había pagado la friolera de 100.000 dólares.

Manson quedó muy afectado, pero no tuvo opción: debía encontrar un nuevo lugar para su clan y no tardó mucho en hacerlo. En los últimos días de agosto, Manson y su séquito se instalaron en Rancho Spahn, a unos 45 kilómetros de Los Ángeles. Nadie podía ni siquiera intuirlo en ese momento, pero ese lugar, utilizado para filmar películas de cowboys quedaría marcado a fuego en la historia del crimen de Estados Unidos.

Vivir en el desierto

Manson había encontrado el lugar perfecto para vivir junto a sus seguidores. Estaba ubicado en el medio del desierto y eso les permitía estar aislados del mundo exterior. En ese contexto, la filosofía del líder podía ser practicada sin ninguna «contaminación»; eran ellos y la naturaleza, nada más.

El terreno montañoso tenía una superficie de dos km², y una escenografía deteriorada y vetusta imitaba la apariencia de pueblo del lejano oeste. En su momento de esplendor, había sido una excelente locación para filmar películas y series televisivas; allí se habían rodado *Duelo al Sol* (1946), y famosos programas de televisión, como *Bonanza*, *El llanero solitario* y *El Zorro*.

Para cuando «la Familia» se instaló, el lugar estaba en desuso y solo se mantenía con los escasos beneficios que dejaban el alquiler de caballos. El dueño era un hombre de unos 80 años, casi ciego. Se llamaba George Spahn, y aceptó que Manson y los suyos se quedaran en su propiedad a partir de un trato particular con el líder: el canje consistió en alojamiento a cambio de sexo con las chicas. También, debían ser sus lazarillos, cocinarle y limpiar su casa. Así, nuevamente, Charles utilizaba a las jóvenes como moneda de cambio. Sus antecedentes como proxeneta fueron útiles.

En esos tiempos hippies, la idea de formar una comunidad alejada de los grandes centros urbanos y en contacto con la naturaleza era algo común. Por eso no era extraño que se sumaran periódicamente nuevos integrantes. Manson ya poseía cierto renombre en el mundillo hippie y para los recién llegados el primer encuentro con él era un momento muy especial.

Una jornada cualquiera en el rancho podía ofrecer la típica escena contracultural de la época que mostraba a hombres y mujeres desnudos compartiendo un baño, bailando o corriendo por el desierto. El hecho de que el rancho hubiera sido un set de filmación les dio pie a los integrantes del clan para realizar —gracias al consumo de drogas— lo que denominaban «viajes actorales»: imaginaban diferentes situaciones y roles. Un día podían ser cowboys y, al siguiente, piratas.

En el lugar no había libros, relojes ni calendarios. Ese era uno de los síntomas de su aislamiento absoluto de la sociedad. Y la dependencia entre ellos iba siendo cada vez mayor. La figura de Manson se había vuelto inmaculada e incuestionable. El miedo y la paranoia respecto a todo lo que fuera ajeno a la vida en el rancho fue creciendo y Charles potenció esas sensaciones con unas prácticas que se convirtieron en experiencias cada vez más comunes.

El líder de «la Familia» organizaba orgías casi a diario en las que se encargaba de suministrar LSD a los participantes. Manson también consumía, pero dosis más pequeñas. Eso le permitía manipular a los integrantes a su antojo durante las fiestas sexuales. Él decidía quién tenía sexo con quién y todos cumplían sus órdenes rigurosamente. Lo que parecía ser una comunidad hippie donde imperaba el amor, el sexo libre y las drogas constituía, en realidad, un espacio de abuso en el que un solo sujeto —Charles Manson— controlaba las mentes y los cuerpos del resto.

Mientras esto sucedía, Manson seguía conectado con la música. Era común verle tocar la guitarra, cantando en el rancho y componiendo canciones. El deseo de ser un músico famoso se había visto truncado con el alejamiento de Dennis Wilson y su única posibilidad ahora era retomar el contacto con Terry Melcher, el productor musical que había conocido a través del baterista. Así que, para llegar a él nuevamente, llamó a Gregg Jakobson, vicepresidente de la compañía de Melcher y el único con el que mantenía un vínculo en aquellas fiestas de la mansión del integrante de The Beach Boys.

Jakobson le consiguió una entrevista con Melcher para que le mostrara sus canciones, pero el productor no asistió a la cita, y Manson reaccionó con una mezcla de furia y desesperación; sentía que su posibilidad de ser músico quedaba en la nada.

Entonces decidió ir a buscarlo. El 23 de marzo de 1969 se dirigió a Cielo Drive 10050 con la intención de convencerle para que editaran un disco. Sin embargo, cuando estaba entrando en la propiedad, Shahrokh Hatami —fotógrafo personal de Sharon Tate— le detuvo y le explicó de mala manera que allí no vivía ningún Terry Melcher. Luego, para intentar calmarlo, Hatami lo envió a conversar con el dueño de la mansión, que ese día se encontraba en el lugar. Se trataba de Rudolph "Rudi" Altobelli, el hombre que había alquilado su casa primero a Melcher y luego a Polanski. De mala manera, Rudi le dijo que el productor ya no vivía allí y que no tenía la dirección de su nuevo hogar.

Manson todavía tenía una carta bajo la manga: la amistad con Jakobson, que todavía estaba interesado en las «chicas de Charlie» y le gustaba escuchar lo que el gurú tuviera para decir sobre misticismo. Así que el líder de «la Familia» convenció a su amigo para coordinar una nueva reunión con Melcher y, en mayo de 1969, Terry condujo su coche acompañado de su socio hasta el Rancho Spahn.

Después de mostrarles el lugar en un rápido recorrido con su *buggy*, Manson les invitó a un claro bajo unos árboles. Allí se sentó a horcajadas sobre una piedra y comenzó a tocar la guitarra. Acompañado por sus chicas que lo miraban embelesadas y hacían algunos coros, Charles interpretó una docena de sus canciones. Al terminar, Terry le dijo que un par estaban muy bien, pero Jakobson conocía a su jefe, y sabía que no había sido sincero. Lo único que le había interesado era la escena de Charles bajo los árboles con las chicas alrededor. Quizá podrían filmar una película.

Durante la semana siguiente, Melcher regresó al rancho en dos ocasiones. Ambas acompañado de Jakobson y de su amigo músico, Mike Deasy. Después de darle 50 dólares a Manson, realizaron varias grabaciones sobre la vida cotidiana de «la Familia». También, filmaron a Charles tocando su guitarra en el mismo escenario natural de la primera visita. Mientras eso sucedía, el productor presenció algunos episodios violentos entre los miembros del clan que le asustaron. Esa situación, sumada a que la interpretación de Charles bajo los árboles fue mala, alejó definitivamente a Melcher de concretar algún proyecto artístico con Manson.

Fue Jakobson quien le comunicó la decisión de Melcher a Charles. A partir de ese momento, las expresiones y las conductas de Manson comenzaron a ser más iracundas y virulentas. Jakobson contaría meses después que, pocas semanas antes de los crímenes Tate-LaBianca, Manson le había avisado, a modo de predicción, que «algunos blanquitos» de las casas lujosas de Los Ángeles iban a ser cortados en pedazos y descuartizados, y que los asesinos mancharían las paredes con la sangre de sus víctimas.

Pero todavía había algo más: el líder de «la Familia» comenzó a radicalizar una postura apocalíptica que había estado esbozando desde hacía meses. A sus diatribas místicas sobre el final de una era, se había sumado ahora un nuevo ingrediente: los mensajes ocultos en las canciones de The White Album (El Álbum Blanco) de los Beatles.

«Helter Skelter»

En 1964, mientras Manson estaba en la cárcel de McNeil, los Beatles iniciaron su gira inaugural por Estados Unidos. Ese año Charles escuchó por primera vez a la banda inglesa. Así fue como sumó una nueva actividad a sus maratonianas jornadas tocando la guitarra o leyendo el Nuevo Testamento.

Las canciones de Lennon, McCartney, Harrison y Starr comenzaron a acompañarlo durante su estancia en prisión. Desde un principio, el vínculo que tuvo con la música del grupo británico fue ambiguo: sentía fascinación, pero, al mismo tiempo, manifestaba una profunda envidia. Eran sus héroes, pero unos héroes a los que él quería destronar si le dieran la oportunidad de dar a conocer sus composiciones.

El 22 de noviembre de 1968 los Beatles lanzaron su décimo disco: The White Album. Sus 30 canciones —muchas de ellas, experimentales y con un sonido claramente diferente a los anteriores trabajos de la banda— se escribieron durante un curso de meditación en la India y llevaron cuatro meses y medio de grabación en el estudio.

Una vez en libertad, Manson continuó atento a la carrera artística de los chicos de Liverpool, así que no dejó pasar demasiado tiempo para escuchar el nuevo material. Lo hizo durante los primeros días de diciembre de ese año, y ya nada volvió a ser lo mismo. Charles había encontrado algo que pasaba desapercibido para los demás entre esos sonidos incongruentes y frases ilógicas del disco. Fueron, junto al Nuevo Testamento, el combustible de un fuego que ya estaba empezando a arder en su mente asesina de gurú místico.

El líder comenzó a realizar interpretaciones extrañas mientras escuchaba el disco: en principio, conjeturaba que los Beatles recitaban lo que él predicaba desde hacía años. Eran ellos quienes habían comprendido sus ideas y el aval de la banda inglesa le permitiría llevarlas adelante. Cada una de las canciones hacía mención de la filosofía del grupo que vivía en Rancho Spahn.

Entonces el disco se convirtió en una especie de «texto sagrado», que podía igualarse a la Biblia. Según Manson, The White Album contenía mensajes ocultos que había que escuchar e interpretar: «Revolution 1» y «Revolution 9» incitaban claramente a la sublevación; «Blackbird» y «Happiness Is a Warm Gun» anunciaban el levantamiento en armas de los afroamericanos contra los blancos; «Piggies» era una crítica a los ricos y poderosos.

Una vista del lejano rancho Spahn donde vivió «la Familia».

También en «Blue Jay Way» sostenía el llamado de los músicos británicos a Jesucristo, que no era otro que el mismo Manson.

Cada verso o estrofa merecía la interpretación personal de la mente iluminada de Charles. Pero hubo una canción que se convertiría en el emblema de su pensamiento. Fue «Helter Skelter», la canción número 23. Y se trataba de una pieza musical particularmente experimental con sonidos agresivos y tan solo tres acordes. La primera versión de estudio tenía una duración de 27 minutos y 11 segundos, pero en el disco quedó finalmente en cuatro minutos y 29 segundos. El título de la canción hace referencia a un tobogán en espiral que es común ver en los parques públicos británicos.

«Utilicé el símbolo del "Helter Skelter" como un viaje desde lo alto hasta el suelo, el auge y caída del Imperio Romano», contaría McCartney un tiempo después. Eso era lo que decía el compositor de la canción, pero Manson tenía algo más para aportar.

Cerca del final de ese año, Charles escuchaba el disco junto a otros miembros de «la Familia» cuando, de repente, se puso de pie y mirando fijamente a los ojos a cada uno de ellos, les dijo que se acercaba el «Helter Skelter».

El líder de «la Familia» había hecho una lectura peligrosa y delirante sobre la letra del tema musical. Así «Cuando llego abajo vuelvo a subirme al tobogán / Allí me paro, giro y me tiro / Hasta que llego abajo y te vuelvo a ver», se había transformado para Charles en la cueva del desierto donde «la Familia» iba a refugiarse cuando estallara la guerra entre blancos y negros.

El resto no entendió demasiado la interpretación de su líder, pero como todo lo que venía de él era incuestionable, no lo pusieron en duda. Para Charles, la canción era, lisa y llanamente, el anuncio del Juicio Final. Y ellos debían estar preparados para la ocasión.

Según el gurú de «la Familia», «Helter Skelter» hablaba del alzamiento del hombre negro contra el hombre blanco que

terminaría en una guerra racial. En ella vencerían los afroamericanos debido a su poderío físico y las consecuencias serían apo-
calípticas: no quedaría un solo blanco en toda la faz de la Tierra
y las ciudades arderían en el fuego hasta destruirse. Entonces,
ellos —advertidos por esa canción— debían adelantarse a los
acontecimientos.

Manson comenzó a predicar cada noche entre los miembros de
su grupo una idea para protegerse de esa violencia negra que llegaría inexorablemente con el fin de cumplir el «Helter Skelter»,
y basándose en el noveno capítulo del Apocalipsis, dio directi-
vas sobre los pasos a seguir. «La Familia» debía esconderse en
una gran ciudad ubicada bajo tierra en el medio del desierto. Era
un lugar sin Sol ni Luna, pero con un árbol que ofrecía 12 clases
distintas de frutos. También habría miel y leche en abundancia.

Allí sobrevivirían hasta alcanzar la cifra de 144.000 personas. En
ese momento, saldrían del refugio subterráneo y se impondrían
a los negros porque eran intelectualmente superiores. Más tarde,
se instalaría en todo el planeta un nuevo orden social que sería
liderado por un elegido, una especie de mesías que tenía nombre
y apellido. Era la descripción perfecta de la «parusía mansiana»
o «advenimiento de Manson»: la llegada del Salvador a la Tierra
luego del Apocalipsis, y él, Charles Manson, era ese Salvador.

Hagamos el Apocalipsis

Los seguidores de Manson estaban absolutamente convencidos
sobre la teoría apocalíptica que su líder les contaba día tras día.
Convivían con «el nuevo Jesucristo» y debían complacerlo. Y con tal
de llevar adelante la profecía, los integrantes de «la Familia» estaban dispuestos a realizar los actos más impensados, incluso matar.

Hacia la primavera de 1969, el rancho comenzó a ser visi-
tado por un grupo de moteros, The Straight Satans, a quien «la
Familia» recibió con hospitalidad. Para Manson, eran las personas indicadas para formar parte de un posible ejército que

les protegería de los negros, así que las armas se convirtieron en parte del ambiente, mientras los coches robados fueron poblando el paisaje desértico.

Charles tenía la idea de convertirlos en *buggies*. Según él, eran los vehículos ideales para viajar hacia la ciudad escondida que los salvaría de la guerra racial. Por eso, también estudiaban mapas de la región para preparar la huida. Además, el líder de Rancho Spahn enviaba a sus discípulos hacia la ciudad para cometer delitos menores y recaudar fondos.

Primero, fueron robos pequeños y actividades vinculadas con el tráfico de drogas. Pero, con el correr de los días, les dio una instrucción un tanto extraña: debían entrar a hurtadillas por las noches en casas de desconocidos simplemente para observarlos dormir o mover los muebles de lugar. Cada acción tenía un solo objetivo: estar preparados para el «Helter Skelter».

En julio de ese año, Manson se mostraba cada vez más perturbado y nervioso. El 1 de julio de 1969 Charles disparó a Bernard Crowe, un traficante de drogas negro. Habían tenido una discusión por dinero en un apartamento de Hollywood y la situación había concluido con un tiro en el pecho del *camello*.

Manson pensó que lo había matado, pero su víctima sobrevivió. En medio de esa pelea, Crowe había confesado a Manson que era un Pantera Negra. El dato era falso, pero Charles sospechó que los Panteras Negras se vengarían y ordenó a sus seguidores que custodiaran el rancho para evitar el ataque del grupo afroamericano.

Días después conoció una noticia: Gary Hinman —34 años, budista, profesor de música, vendedor de drogas y colaborador de «la Familia»— había heredado 20.000 dólares. Por alguna razón, tal vez porque volvió a pensar como un delincuente, la idea de un nuevo crimen se fijó en su mente.

Entonces, ordenó a tres de los suyos —Bobby Beausoleil, Mary Brunner y Susan Atkins— conducir hasta la casa de Hinman y robarle el dinero. El 25 de julio se personaron en el hogar del músico, que les dijo que no había recibido ninguna herencia. El trío no le creyó ni una palabra; sin embargo, después de inspeccionar cada rincón de la casa y de torturar a Hinman, los dólares seguían sin aparecer.

Más tarde, apareció Manson junto con Bruce Davis. El líder de «la Familia» lo intentó de nuevo, atormentándole: le cortó una oreja por la mitad con una espada. Pero el músico no tenía nada para confesar. Antes de irse, les indicó a sus seguidores que no se fueran del lugar hasta encontrar el dinero. Durante dos días torturaron a Hinman. Al tercero, Charles ordenó matarlo. Eso hicieron, le dieron cuatro puñaladas y lo asfixiaron con una almohada. Antes de irse recordaron que debían dejar algún mensaje que involucrara a los Panteras Negras: así que mojaron una alfombra con la sangre del antiguo colaborador de «la Familia» y con ella escribieron en la pared del salón una frase que decía *Political piggy* («cerdito político»). También estamparon una huella que simulaba ser la de una pata felina.

El 7 de agosto, Beausoleil fue detenido a 200 km al norte de Los Ángeles. La policía lo halló durmiendo en la camioneta Fiat que le habían robado a Hinman. Dentro del vehículo estaba el cuchillo con el que habían matado al músico, y ese mismo día fue encerrado en la cárcel del condado. Faltaba poco para la gran obra, solo pasarían unas horas para comenzar el «Helter Skelter».

El 8 de agosto de 1969, el líder de «la Familia» estaba ansioso y algo impaciente. En su cabeza, las ideas iban y venían. Lo terrenal y lo místico se enredaban en su mente de un modo vertiginoso, y tenía sobrados motivos. Uno de los suyos estaba detenido por haber asesinado a una persona. Al mismo tiempo, su profecía no se acercaba a la velocidad esperada.

Entonces, decidió apretar el acelerador para convertirse en el nuevo mesías y, de paso, liberar a Beausoleil. Su objetivo era culpar a los Panteras Negras y así conseguir un doble logro.

«Mataría dos pájaros de un tiro»: en un principio, la policía creería que el grupo afroamericano estaba involucrado en el crimen de Hinman y, entonces, cuando comenzara la persecución, los Panteras reaccionarían a la violencia policial y eso provocaría la tan anhelada guerra racial.

Convocó a Susan Atkins, Patricia Krenwinkel, Linda Kasabian y Charles "Tex" Watson. Tomaron Speed y LSD; les entregó cuchillos y una pistola, les pidió que se vistieran de negro y les dio una dirección: Cielo Drive 10050, el lugar donde había vivido Terry Melcher, el productor musical que le había negado la posibilidad de ser una estrella de rock.

Cuando subieron al coche para partir rumbo a la mansión, los elegidos por Manson estaban excitados. En especial, Atkins.

Antes de que el vehículo tomara velocidad, Charles se interpuso al Ford blanco y amarillo, y dio como última orden que no se olvidaran de dejar una señal.

Los discípulos de Manson cumplieron con creces la voluntad de su líder: mataron a tiros y a puñaladas a cinco personas, entre ellas a la bellísima Sharon Tate —actriz de Hollywood y esposa de uno de los directores de cine más famosos del momento, Roman Polanski. Y en la puerta blanca de la mansión no olvidaron dejar la señal solicitada por su jefe: escribieron «cerdo» con la sangre de Sharon.

Al día siguiente, Los Ángeles entró en estado de shock cuando la noticia de los asesinatos comenzó a circular. Los periódicos hablaban de orgías de sangre, rituales satánicos y sacrificios religiosos. Sin embargo, los relatos horrorosos sobre las masacres en lujosas viviendas de la ciudad no cesarían.

La noche siguiente, Manson subió a su Ford junto a seis integrantes de «la Familia»: los cuatro que habían participado en los hechos de Cielo Drive y dos miembros nuevos, Steven Dennis Grogan y Leslie Van Houten. Apretados en el coche, partieron hacia Los Ángeles en busca de más víctimas. Después de conducir durante casi tres horas, Charles se decidió por la casa ubicada en Waverly Drive 3301. Allí vivían los LaBianca: Leno, 44 años, comerciante, y Rosemary, 38 años, propietaria de un negocio de ropa de lujo. Un tiempo atrás, Manson había habitado la casa contigua a la de ellos.

Esta vez, el líder, quizá un poco decepcionado por el relato de sus secuaces sobre lo sucedido en la mansión de Polanski y Tate, decidió actuar por su cuenta. Provisto con un cuchillo y una pistola, entró al hogar de los LaBianca, y tras reducir a la pareja y maniatarla, ordenó a Watson, Krenwinkel y Van Houten que terminaran con los dos.

Leno recibió 26 puñaladas, le grabaron la palabra «guerra» en el estómago y le clavaron un tenedor en el vientre y un cuchillo en la garganta. Rosemary fue acuchillada 41 veces.

Cuando la policía entró en la casa de los LaBianca, observó con horror la escena teñida de rojo; pero también las frases pintadas con sangre en distintos lugares del hogar llamaron su atención. Una de ellas estaba en la nevera y rezaba: «Helter Skelter». Aunque estaba mal escrita, no tardaron en darse cuenta de que se trataba de una las canciones de The White Album, el disco doble de los Beatles. La sangre de Leno también les fue útil para dejar otras inscripciones en las paredes: *Rise* («Alzaos») y *Death to the pigs* («Muerte a los cerdos»).

Sin embargo, a pesar de las similitudes entre los asesinatos en Cielo Drive y Waverly Drive, la policía de Los Ángeles mantuvo durante mucho tiempo la hipótesis de que los crímenes no estaban vinculados. Por un lado, pensaron que las muertes de Tate y compañía era cosa de narcotraficantes; por otro, estaban convencidos de que los LaBianca habían sido víctimas de un crimen por imitación.

La policía comprendió el vínculo entre los dos asesinatos cuando en diciembre de ese año fueron detenidos los sospechosos de ambos episodios. En cambio, y a pesar de que existían coincidencias entre los autores de los asesinatos, el caso de Gary Hinman jamás fue vinculado a los hechos ocurridos entre el 9 y el 10 de agosto.

***

Al fin, Manson había entrado a formar parte de la galería de asesinos en serie más importantes de la historia. Gracias al carácter morboso de los crímenes en Cielo Drive y al asesinato, entre otras personas, de una estrella de cine, ocupó los titulares del momento. Charles tomó la decisión de apuñalar el corazón de Hollywood y tuvo éxito.

Por eso, cuando el líder de «la Familia» fue detenido en diciembre de 1969, el mundo entero quiso saber quién era, qué pensaba, y cuáles eran los motivos que le habían llevado a asesinar de un modo tan cruel a esas personas. Después de que su rostro con ojos desorbitados apareciera en la portada de la revista *Life*, su figura acaparó la atención de la gente y rápidamente se convirtió en una imagen icónica del Mal.

Las crónicas llenaban las páginas de los periódicos especulando sobre las razones que habían llevado a Manson a liderar una banda de hippies asesinos. Poco a poco, el público comenzó a enterarse de que «Helter Skelter» era mucho más que un tobogán británico o una canción de los Beatles.

En medio de esas razones que mezclaban conflictos étnicos y asuntos religiosos, había, además, drogas, sexo libre, hippies y mujeres muy jóvenes que estaban dispuestas a matar por ese hombre indescifrable y satánico.

Charles Manson fue un asesino que no mató a nadie, terrible paradoja. Gracias a su carisma, a su personalidad dominante, al «lavado de cerebro» que hizo de las mentes de su séquito y al suministro de LSD, consiguió que sus seguidores fueran instrumentos que podía manejar a su antojo.

Para «las chicas y los chicos de Charlie» no había dudas: asesinar a desconocidos era un acto de amor por su líder.

Últimos coletazos del clan

El 16 de agosto de 1969 —tan solo una semana después de los asesinatos en Cielo Drive y en la casa de los LaBianca— el silencio matinal del desierto se quebró con el sonido de las sirenas policiales. Unos 100 agentes, dos helicópteros, numerosos todoterrenos y 35 coches patrulla irrumpieron inesperadamente en el Rancho Spahn con una orden de registro. El operativo tenía la intención de hallar pruebas sobre una investigación que involucraba a Manson en el robo de coches. Además de detener a todos los miembros de «la Familia» (27 adultos —incluido Charles— y siete menores), los policías confiscaron siete coches robados y distintos tipos de armas.

La redada más importante de la historia de Los Ángeles no tenía nada que ver con los crímenes que habían conmocionado al planeta entero unos días antes. Y a pesar de que existían otros motivos para mantener algunas de esas detenciones —sobre todo, la de Manson—, los integrantes del clan fueron increíblemente liberados tres días después. Sin embargo, ese sería el primer capítulo de varios en los que «la Familia» estaría en la mira de la policía y de la justicia.

Unos meses después, vendrían las detenciones de Manson y Atkins y, en diciembre, las acusaciones formales sobre los crímenes del 8 y 9 de agosto. A partir de ese momento, el grupo quedaría huérfano de su líder. Varios dieron un paso a un lado y se fueron del rancho. Pero otros, lejos de enterrar los principios de la filosofía que había «inoculado» Charles en sus mentes, radicalizaron esas ideas.

En buena medida, ese fanatismo quedó explicitado en las grabaciones que realizó, a principios de 1970, el joven cineasta Robert Hendrickson en Rancho Spahn. Allí pudo grabar más de 100 horas de material, donde se vio a los integrantes de «la Familia» en sus actividades cotidianas dando testimonio sobre lo que significaba la experiencia de pertenecer a esa comunidad.

En una de las cintas, se puede observar a Sandra "Sandy" Good afirmar que el alma del bebé de Sharon Tate se salvó, porque fue recibida en el cuerpo del niño que ella había parido unas semanas después del asesinato. También se puede oír a Catherine "Gypsy" Share realizar una profecía que continuaba la línea de la guerra racial propuesta por Manson. Decía que cuando Charlie saliera de la cárcel, la revolución estallaría. Él era la chispa.

Eso finalmente no fue posible, ya que el líder de «la Familia» pasaría el resto de su vida detrás de rejas, aunque sus discípulos más fieles continuaron predicando sus ideas e, incluso, repitiendo sus asesinatos.

Además de los casos Hinman y Tate-LaBianca, Manson había dejado otra marca criminal como legado para sus adeptos. Diez días después del operativo policial en el Rancho Spahn, Charles le dio su sentencia de muerte a Donald "Shorty" Shea, un actor que trabajaba allí. Sospechaba que él había sido el responsable de la redada judicial en la que se vio envuelto el clan.

Tampoco le gustaba que se hubiera casado con una mujer negra. Como fuera, Shea fue asesinado por Bruce Davis y Steve "Clem" Grogan, seguramente, después de una orden de Manson. Su cuerpo estuvo desaparecido hasta que Grogan dio las coordenadas donde se hallaba la sepultura a cambio de una reducción de condena. El episodio «Shea» no sería el último.

En marzo de 1971, el cuerpo en estado de putrefacción de Ronald Hughes —abogado de Leslie Van Houten— fue hallado entre dos rocas en el condado de Ventura, California. Se encontraba desaparecido desde noviembre del año anterior, durante un receso de 10 días del juicio en el que acusaban a Charles y a los suyos por los casos Tate-LaBianca.

Nunca se pudo determinar la causa de su muerte, pero tiempo después, Sandra Good afirmó que Hughes fue asesinado por «la Familia» en represalia por contradecir a Manson en una estrategia judicial. Y añadió: «Fue el primero de 35 o 40 personas más». Nunca se pudo comprobar la autoría del crimen del abogado.

El 8 de noviembre de 1972, Manson ya había sido juzgado y estaba en prisión. Ese día fue encontrado el cadáver sin cabeza de James L.T. Willett, 26 años, veterano de Vietnam y anfitrión en su propio hogar de miembros de «la Familia». Su camioneta fue hallada en una casa donde vivían varios seguidores de Manson. La policía encontró en el sótano el cuerpo de Lauren Chavelle (19 años y esposa de Willett). Además, los integrantes de «la Familia» habían utilizado la casa de los Willett como guarida mientras realizaban robos en la ciudad. Entre esos delitos, el hecho de haber usado las tarjetas de crédito de James. Después de ser detenidos, algunos de ellos asumieron los crímenes cometidos.

Otra vez «la Familia» volvería a llamar la atención mundial cuando el 5 de septiembre de 1975 uno de sus miembros, Lynette Alice "Squeaky" Fromme, intentó matar al presidente de Estados Unidos, Gerald Ford. El episodio ocurrió en Sacramento. Hasta allí se había ido a vivir la pelirroja integrante del clan. Lo hizo junto a Sandra Good con la intención de estar cerca de Manson, que se encontraba detenido en la prisión de Folsom.

Ese día, el primer mandatario caminaba durante un acto público por el Capitolio de California. Fromme se le acercó vestida con una túnica roja y con la intención de conversar sobre las secuoyas, un árbol que destaca por su altura y envergadura. Pero cuando estaba a pocos metros de Ford, extrajo de entre sus ropas una pistola semiautomática Colt calibre 45. Antes de que pudiera disparar, los agentes de seguridad ya la habían reducido. Después, pudo comprobarse que en la recámara del revólver no

En 1975, Lynette Fromme intentó matar al presidente de Estados Unidos, Gerald Ford. Era integrante de «la Familia».

había ninguna bala. Fue condenada a cadena perpetua, pero recuperó su libertad en 2009.

Por su parte, Good también fue acusada con cargos federales. Se descubrió que era la autora de mensajes postales intimidatorios y amenazantes a empresarios y funcionarios públicos que, según ella, eran responsables de importantes daños al medioambiente. Fue condenada a 10 años de prisión y, tras recuperar su libertad, se mudó cerca de Corcoran, donde permanecía detenido Manson.

***

Quizá, esos acontecimientos con sus respectivas sentencias hayan sido el principio del fin de «la Familia». A partir de ese momento, la disolución del clan avanzó de manera gradual pero continua. La ausencia del líder de ojos hipnóticos y carisma infalible hacía insostenible la dinámica del grupo.

Sin embargo, hubo miembros que, a pesar de esa sensación de final, asumieron un protagonismo importante, e, incluso, se adjudicaron el rol de ser portavoces de Manson. Dos de ellas fueron, justamente, Lynette "Squeaky" Fromme y Sandra "Sandy" Collins Good. Ellas se transformaron en las referentes de «la Familia» cuando los periodistas necesitaban algún testimonio sobre aquellos años de mística hippie y muertes sangrientas. Por eso, en cada aniversario de los asesinatos en Cielo Drive, se pueden leer o escuchar sus reflexiones en distintos periódicos y programas de televisión.

Por ejemplo, en el documental «Manson: The Women (Oxygen)» o "Manson, Las Mujeres", de 2019. Cincuenta años después de la masacre, cuando a Fromme le preguntaron por la masacre Tate-LaBianca, no dudó en responder sin arrepentimiento alguno: «La gente cree que los asesinatos fueron cometidos por gente sedienta de sangre. Pero no lo eran. Solo hacían lo que tenía que hacerse. Hacían lo correcto. Ojalá yo hubiera tenido la misma fiereza. No me siento mal por todos esos muertos. Ni siquiera estaban vivos para mí. Si yo no llegué a matar era porque aún no estaba preparada para hacerlo. Es difícil sentirte mal por algo cuando lo haces desde el corazón».

Del mismo modo, Good afirmó: «Si quieres hablar de actividades demoníacas e inmorales, ve a Hollywood. ¿Cómo puedes señalarnos con el dedo y llamarnos diabólicos cuando solo fuimos buenos soldados que hacían lo que había que hacer?».

Centenares de películas, libros, revistas, periódicos, programas de televisión y sitios de Internet comentaron antes, y lo harán en el futuro, sobre ese vínculo simbiótico entre Manson y sus discípulos. Pero, tal vez, fue Juan Flynn —trabajador de Rancho Spahn y socio de «la Familia»— quien mejor lo explicó en una entrevista de *Los Angeles Magazine*: «Charles Manson se salió con la suya. La gente dirá "está en la cárcel". Pero Charlie está exactamente donde quiere estar».

Capítulo 6

CHARLES MANSON
SUPERSTAR

Manson fue ladrón, estafador, proxeneta, líder de una comunidad hippie e instigador de asesinatos. Pero también fue músico y una de sus obsesiones era la de convertirse en cantante famoso.

Así, desde un primer momento, en su mente perturbada, criminal y mística fue creciendo la expectativa grandilocuente de su futura carrera: todos cantarían sus canciones, sus discos se venderían a millones y su voz se escucharía en las radios del mundo entero. En definitiva, él, Charles Manson, lograría ser más famoso que los Beatles.

Y hay que decir que, de alguna manera, cumplió su sueño. Pero el instrumento para lograrlo no fue ni la guitarra ni su posible talento ni su voz, sino un grupo de jóvenes a los que convenció de que matar era un modo de trascender. Y el escenario tampoco fue el de un concierto, sino la sala de un tribunal de justicia de Los Ángeles. Fue en ese espacio donde Manson desplegó su «espectáculo» en el que combinó diatribas filosóficas, cambios de apariencia, escenas extravagantes e incluso situaciones violentas.

Así sucedió que el juicio por los casos Tate-La Bianca fue convirtiéndose en el trampolín que lanzaría a Manson definitivamente a la fama. Esa es la razón por la que su figura se conoció en buena parte del planeta. Para algunos, Manson es la representación del mal encarnada en una persona, una metáfora del lado maligno y sombrío de la humanidad. Para otros, sin embargo, su figura es motivo de admiración y un referente a quien prestar atención.

En definitiva, Charles Manson es como un recipiente que la gente llena con la bebida que prefiere tomar. Y, aunque parezca extraño él lo sabe, tal como afirmó en una entrevista en prisión: «Yo me gusto a mí mismo, yo soy todo el mundo».

El proceso judicial: se inicia la leyenda

Tres semanas después de los crímenes en Cielo Drive y en casa de los LaBianca, «la Familia» —con Manson a la cabeza— abandonó

Rancho Spahn y se dirigió a las profundidades del inhóspito Valle de la Muerte. Allí había dos ranchos abandonados llamados Myers y Barker en los que podían ocultarse. Charles sentía que la policía lo estaba vigilando y, además, temía un posible ataque de los Black Panther Party.

Durante unas semanas, se dedicaron a cometer delitos menores y a robar coches. Eso llamó la atención de la policía del condado de Inyo (California) y, en dos noches de mediados de octubre de 1969, el grupo fue detenido en su totalidad. Manson estuvo detrás de las rejas, pero no se le involucró en los asesinatos de agosto, algo que ocurriría más adelante, cuando Susan Atkins confesó frente al fiscal.

El 1 de diciembre de 1969, la policía de los Ángeles anunció que los principales sospechosos de los crímenes estaban detenidos. Eran Charles Watson, Patricia Krenwinkel, Leslie Van Houten, Linda Kasabian, Charles Manson y Atkins. Rápidamente, el estado de California fijó un juicio único por siete cargos de asesinatos en primer grado para Krenwinkel, Van Houten, Atkins y Manson. Watson sería juzgado en una fecha posterior porque se encontraba en Texas. Kasabian, por su parte, había llegado a un acuerdo con la fiscalía y había obtenido inmunidad a cambio de convertirse en testigo de la acusación.

La selección del jurado que participaría del juicio comenzó el 15 de junio de 1970. Elegirlos no fue una tarea sencilla: las autoridades judiciales tardaron casi un mes. Finalmente, se optó por un grupo conformado por siete hombres y cinco mujeres. Todos fueron advertidos sobre algo importante: mientras durara el proceso, debían permanecer aislados en el Hotel Ambassador.

El juicio comenzó el 15 de julio. A partir de ese día, el Tribunal Supremo de Los Ángeles se transformó en el epicentro de atención de los medios de comunicación y la opinión pública. Además de los acusados, una figura se haría famosa a partir de ese momento. Se trataba del fiscal Vincent Bugliosi.

En su primera exposición, el representante del Estado explicó que el móvil de los asesinatos no había sido otro que el famoso «Helter Skelter»: guerra racial, huida a una ciudad desértica y el resurgimiento de Charles como el nuevo mesías de la humanidad. «Por insensato que parezca, los seguidores de Manson creían en esa profecía del Armagedón y estaban dispuestos a matar por él y hacerla realidad», aclaró Bugliosi.

Pero ¿por qué había elegido las casas de Polanski-Tate y los LaBianca? En Cielo Drive 10050 había vivido Terry Melcher, el productor musical que se negó a grabarle un disco. ¿Se trató de una confusión? Supuestamente, Charles sabía que el empresario de la industria musical ya no vivía más allí. ¿Quiso de todos modos dejarle un mensaje intimidatorio? ¿O eligió esa mansión, al igual que el hogar de Leno y Rosemary, como metáfora del sistema que lo había rechazado?

El 24 de julio, Manson apareció en el juicio con una X grabada con un elemento cortante sobre la frente; la herida era tan reciente que sangraba. Al día siguiente, Atkins, Krenwinkel y Van Houten imitaron a su líder y se tallaron también una X en sus frentes.

Mientras tanto, los miembros de «la Familia» se encontraban a las afueras del juzgado, acampando, pues habían sido expulsados de la sala del juicio. Eligieron la esquina de Temple y Grand para expresar su descontento sobre las acusaciones contra Manson y los otros integrantes del clan. Se sentaban en círculos y cantaban canciones en las que vanagloriaban a su líder. Muchos se grabaron también la frente con una X. Otra vez volvían a mezclarse el amor y el culto a la muerte.

Los periodistas querían sus testimonios para completar sus crónicas sobre el juicio. En una de esas declaraciones, explicaron que la X simbolizaba que Manson se había borrado de la sociedad. En otra ocasión, algunos integrantes del grupo se mostraron con túnicas y prometieron inmolarse si Charles era condenado.

Cada audiencia en el palacio de justicia adquiría las características propias de un espectáculo. Las jóvenes acusadas recorrían el pasillo que las llevaba a la sala del juicio cogidas de la mano, sonriendo y, a veces, cantando canciones de Manson. Y también, durante las sesiones, solían provocarse altercados entre Charles y sus seguidoras. Si él se mostraba enfadado, ellas repetían el gesto al punto de copiar sus expresiones y agresiones.

A principios de agosto de 1970, el presidente de los Estados Unidos, Richard Nixon, declaró ante la prensa que Manson era directa o indirectamente culpable. Los abogados intentaron utilizar esas declaraciones para anular el juicio por la intromisión del primer mandatario. Así que el juez Charles Older se vio obligado a consultar a cada miembro del jurado para averiguar si se consideraba condicionado por las palabras presidenciales. Todos le confirmaron que podían continuar con su tarea de manera imparcial.

Días después, Atkins, Krenwinkel y Van Houten se pusieron de pie en el medio de una audiencia y comenzaron a gritar que ya no tenía sentido continuar con el juicio si Nixon decía que eran culpables.

Ante tanto griterío, el juez ordenó desalojar a los acusados de la sala. Pero este tipo de situaciones se repetirían a lo largo de todo el proceso judicial. No había vez que Older no amenazara a Manson con expulsarlo de la sala por su mal comportamiento.

En una ocasión, el líder de «la Familia» le devolvió el reproche: tomó un lápiz afilado, saltó encima de la mesa y ya en el estrado del juez, amenazó con expulsarlo.

Un policía se interpuso en el camino, interceptó a Manson y lo inmovilizó, mientras tanto, las tres chicas empezaron a gritar versos en latín. La escena era surrealista. Y Manson le dejó un último mensaje al juez: «¡Alguien debe cortarle la cabeza en nombre de la justicia cristiana!». Older se lo tomó en serio: a partir de ese día, empezó a llevar un revólver calibre 38 bajo la toga.

El 25 de enero de 1971, el jurado declaró a Manson, Krenwinkel y Atkins culpables de asesinato en primer grado en los casos Tate y LaBianca. A Van Houten le cayó la misma condena, pero solo en los crímenes de los LaBianca. Bugliosi había conseguido convencer al jurado de algo muy difícil y hasta contradictorio. Charles no había matado a nadie, pero había instigado los crímenes después de haber «lavado las mentes» de sus discípulas. Y, al mismo tiempo, las tres acusadas no eran autómatas sin decisión, sino que habían sido copartícipes necesarios y conscientes de los asesinatos.

Tras la sentencia, Atkins, Krenwinkel y Van Houten pidieron subir al estrado por primera vez para testificar. Sus abogados no estaban de acuerdo con esa actitud. Sin embargo, lo hicieron igual. Una tras otra, explicaron sus roles en los hechos, no mostraron un solo gesto de arrepentimiento y eximieron a Manson de toda responsabilidad. Al día siguiente, Charles repitió la estrategia y pidió declarar. A lo largo del juicio, había convertido sus declaraciones incendiarias en una especie de espectáculo de gurú antisistema afirmando que él no había matado a nadie.

Otro de los argumentos que más se escucharon de su boca fueron las que daban a entender que él era una víctima más de la sociedad violenta en la que vivían: «Yo soy lo que ustedes me hicieron. Soy un reflejo de ustedes. ¿Me quieren matar? Yo ya estoy muerto, lo he estado toda mi vida. He pasado 23 años en tumbas que ustedes han construido».

Después de las condenas, el tribunal debía establecer la pena que le correspondía a cada uno de los acusados. En esa instancia, Atkins, Van Houten y Krenwinkel volvieron a solicitar la posibilidad de declarar, esta vez para explicar el móvil de los asesinatos: los habían perpetrado para liberar de la prisión a otro miembro de «la Familia», Bobby Beausoleil, que estaba detenido por el crimen de Gary Hinman. La intención había sido imitar el *modus operandi* del homicidio para hacerles creer a los policías que los asesinos eran otros, y no Bobby. También insistieron en algo: Manson no tenía nada que ver con lo ocurrido en los casos Tate-LaBianca.

El 4 de marzo de 1971, en la fase de sentencia del proceso, Manson se recortó la barba y se afeitó la cabeza. Su cambio de aspecto tuvo una explicación mística: «Soy el diablo, y el diablo siempre tiene la cabeza calva», dijo a los periodistas. Veinticinco días después, el jurado anunció que había tomado una decisión.

Cuando las mujeres condenadas fueron conducidas al tribunal para escuchar la pena que les correspondía, se mostraron con sus cabezas rapadas, imitando a su líder. Después de las explicaciones del caso, la sentencia resonó con fuerza en la sala principal del tribunal: pena de muerte para Manson, Atkins, Van Houten y Krenwinkel. Las tres mujeres reaccionaron iracundas después de oír el veredicto y comenzaron a gritar. Atkins advirtió al juez y a los miembros del jurado: «Será mejor que cierren bien las puertas de sus casas y vigilen a sus hijos».

De esa manera, concluía el juicio por asesinato más largo de la historia de Estados Unidos hasta ese momento. Habían pasado nueve meses y medio, y se habían transcrito 31.716 páginas. Mientras tanto, Manson y sus tres discípulas solo podían esperar el día en que su sentencia se llevaría adelante. Pero un sorpresivo cambio en la doctrina judicial a nivel nacional hizo que la Corte Suprema de California determinara, en 1972, que la pena de muerte constituía un castigo cruel e inusual, por lo que más de 100 reclusos dejaron de estar en el «corredor de la muerte». De ese modo, la condena fue modificada por cadena perpetua con la posibilidad de optar por la libertad condicional, aunque la declaración de inconstitucionalidad definitiva llegaría en 1976. Otro golpe de suerte para Charles y su «Familia».

En junio de 2019, la publicación de un libro revelador agitó los cimientos de una historia que parecía cerrada para siempre. Se

Susan Atkins, Patricia Krenwinkel, y Leslie Van Houten fueron halladas culpables y condenadas el 25 de enero de 1971.

trataba de *Manson, la historia real*, de Tom O'Neill. Después de una investigación que le llevó 20 años, el autor lograba demostrar algunas hipótesis que desmontarían por completo la versión oficial sobre los móviles que llevaron al líder de «la Familia» a instigar los asesinatos.

En primera instancia, el libro muestra sus discrepancias con el best seller que había publicado Vincent Bugliosi, el fiscal del caso, en 1974 con el título: *Helter Skelter*. La obra se vendió a millones por el mundo entero. Tal como hemos visto, en ella se sostiene que el motivo de los asesinatos fue un delirio casi metafísico de Manson, que convenció a sus seguidores de que debían matar para salvarse ante un eventual fin de la humanidad. Se trató, pues, de un cóctel explosivo con varios ingredientes: los Beatles, ideas racistas y Apocalipsis cristiano.

O'Neill en cambio aborda el tema desde otra perspectiva: apunta a unir cabos en relación con el rol que cumplieron en el caso la policía de Los Ángeles, el FBI y la CIA. La postura del autor es clara: esos organismos de seguridad encubrieron lo que realmente sucedió.

Una de las cosas que más le sorprenden es la inmunidad que favoreció a Manson cada vez que era arrestado después de ser liberado de la cárcel en 1967. Cualquier problema con la ley hubiera significado su regreso a prisión. Sin embargo, eso nunca sucedió hasta después de ser detenido por los asesinatos Tate-LaBianca.

En ese punto surgen las preguntas de O'Neill: ¿Manson formó parte de una maniobra de inteligencia de los organismos de seguridad e inteligencia de Estados Unidos? ¿Por ese motivo se le protegía? ¿Charles fue manipulado para actuar de determinada manera? ¿Tenía la certeza la policía de que «la Familia» iba a cometer un crimen y dejaron que actuaran?

El concepto «Helter Skelter» que planteó Bugliosi como móvil para los asesinatos cumplía una función: demonizar al movimiento hippie y reforzar la postura conservadora de ciertos sectores de la sociedad norteamericana que veían el avance de la juventud como algo peligroso. El autor del libro cuenta que, en esos años de Guerra Fría, amor libre y conflicto bélico con Vietnam, Estados Unidos poseía programas de inteligencia para neutralizar lo que ellos llamaban «la izquierda»; es decir, organizaciones pacifistas, los hippies y grupos afroamericanos que luchaban por los derechos civiles.

Una de las estrategias era provocar enfrentamientos entre ellos y en el interior de los grupos a través de infiltraciones y manipulaciones. La guerra racial que proponía Manson encajaba a la perfección con los objetivos de la CIA y del FBI. ¿Habrá sido el líder de «la Familia» un instrumento voluntario o involuntario de esas agencias federales? O'Neill no pudo encontrar el documento que así lo acreditara, aunque varios indicios invitan a la sospecha.

Lo que sí pudo comprobar O'Neill fue que el juicio estuvo viciado: se quitaron testigos claves y se utilizaron declaraciones falsas. Una de ellas —tal vez, la más significativa—, fue la de Terry Melcher. El testimonio del productor musical era muy importante para Bugliosi. Según el fiscal, Manson habría atacado Cielo Drive, supuestamente, para asustar a Melcher a modo de represalia por haberlo rechazado. El productor, por su parte, declaró tres veces bajo juramento que la última vez que había visto a Charles había sido en mayo de 1969, tres meses antes de los asesinatos.

Sin embargo, O'Neill accedió a un manuscrito de Bugliosi en un expediente del caso en la Oficina del Fiscal de Los Ángeles que mostraba la existencia de irregularidades. Durante las etapas de la investigación, el fiscal había obtenido el testimonio de un visitante asiduo del Rancho Spahn que aseguró haber visto allí a Melcher días después de los crímenes Tate-LaBianca. La declaración —apuntada a mano por el mismo

Bugliosi— contaba que el productor había llegado al rancho drogado y sollozando con la intención de pedirle perdón a Manson, y que eso fue lo que hizo, arrodillándose ante él. Pero, a pesar de conocer este dato, el fiscal lo obvió durante la toma de declaración de Melcher en el juicio. Y algo peor: está claro que Melcher mintió en su testimonio.

Solo ocultando esa información, pudo Bugliosi explicar una de las formas en que se había materializado el «Helter Skelter», es decir, el móvil de los asesinatos según el fiscal. Si Manson quería intimidar a Melcher, ¿por qué fue el productor a verle días después de los crímenes? ¿Dónde estaba el miedo? Además, al parecer, el productor intuía que «la Familia» estaba vinculada con las muertes en Cielo Drive y, sin embargo, se sentía a salvo frente a un posible ataque de Charles y su séquito.

O'Neill se pregunta, con razón, si esta había sido la única irregularidad presente en el juicio. Y asegura que, de haberse probado solamente este dato, hubiera sido suficiente para terminar con la totalidad del juicio; pero, por alguna razón, se ocultó.

Catapultado a la fama

La mayoría de los medios de comunicación convirtieron a Manson en un símbolo viviente del mal. Y eso sucedió desde el mismo día en que fue vinculado con los asesinatos de Cielo Drive y la casa de los LaBianca. Así, el apellido Manson se convirtió en la representación perfecta de lo antisocial y desquiciado, de lo satánico y criminal.

La foto en la portada de la revista *Life* también contribuyó. Esa imagen trascendió rápidamente a estampados de camisetas, pósteres y revistas para fanáticos del *underground* juvenil. Manson se transformó en una marca registrada y hasta en un producto de consumo. Para muchos, podía ser el símbolo enfermo de una época, pero, para otros, se había convertido en una figura mítica que merecía ser reivindicada.

Y fue la prensa clandestina y contracultural la que presentó a Charles casi como una figura heroica. A partir de enero de 1970, por ejemplo, el periódico de izquierda *Los Angeles Free Press* dedicó varias portadas que favorecían a Manson. En una de ellas, celebraba una posible liberación del líder de «la Familia» y, en otra, anunciaba una entrevista en exclusiva. Por su parte, el periódico contracultural *Tuesday's Child*, también de Los Ángeles, se dedicó a seguir el caso Manson. Desde sus páginas, apoyaron a Charles y lo presentaron como una víctima del sistema, un chivo expiatorio del movimiento hippie. En una de sus ediciones se podía ver a Manson crucificado y, en otra, la publicación del 9 de febrero de 1970, se le proclamaba «El Hombre del Año».

Pero no eran los únicos. El 25 de junio de 1970, la célebre revista *Rolling Stone* anunció en su portada una entrevista con Manson con la siguiente frase: «La increíble historia del hombre vivo más peligroso». El reportero indagó en esa charla sobre sus interpretaciones en relación con las canciones de *The White Album* de los Beatles, y Charles respondió sobre «Helter Skelter»: «Creo que es algo subconsciente. No sé si lo hicieron o no. Pero está ahí. Es una asociación en el subconsciente».

Manson también fue la inspiración para las visiones más extremistas de la política norteamericana. Una versión indica que Bernardine Dohrn —líder de Weather Underground, una organización marxista creada en 1969— lanzó una diatriba reivindicando los asesinatos de «la Familia» durante una convención: «¡Guau! Primero mataron a esos cerdos, después cenaron en el mismo cuarto y, además, clavaron un tenedor en el estómago de una de las víctimas. ¡Poder a Charlie Manson!».

Por otra parte, Manson también tuvo una influencia destacada en el creciente movimiento *skinhead* o «cabezas rapadas» norteamericano, quienes poseen sus propios motivos para tenerlo como referente. Con el tiempo, Manson transformó la X tallada en su frente en una esvástica; algo esperable: era

La emblemática mirada de Charles Manson que también capturó la revista *Rolling Stone* en 1970.

profundamente racista y siempre declaró su admiración por el militar y político nazi Rudolf Hess.

Pero fueron sus ideas sobre una guerra racial lo que motivó que esos grupos neonazis se autoproclamaran herederos de su «legado». Para ello, se apoyaron en la interpretación que Manson realizó de «Helter Skelter», la canción de los Beatles.

Sin embargo, el liderazgo de culto que expresaba Manson permitió que sus interpretaciones fueran consideradas sagradas e incuestionables por sus fanáticos seguidores. Por eso, las nuevas agrupaciones filonazis aún esperan, como «la Familia» hace 50 años atrás, esa guerra racial que cambiará el mundo para siempre.

***

El responsable máximo de haber encerrado a Manson por el resto de su vida en una prisión fue el fiscal Vincent Bugliosi. Nunca pudo entender cómo la figura de Manson se convirtió en una personalidad de culto. Quizá, él mismo hizo un indeseado aporte al escribir *Helter Skelter*, el citado libro, éxito de superventas, que cuenta la versión oficial sobre los asesinatos de «la Familia». La obra representa lo que sería el prólogo de la actitud que asumiría la industria cultural masiva en su conjunto: explotar al máximo a Manson como personaje.

Prueba de ello es la innumerable cantidad de libros, documentales, programas de televisión y películas que se detienen a examinar su vida. Indudablemente, Manson posee un carácter atractivo, con virtudes intrínsecas para funcionar como personaje carismático. El mismo talento diabólico que le permitió manipular a aquellas chicas veinteañeras, el mismo que fascinó y aún sigue cautivando a diferentes públicos y plateas del mundo. Y es justamente ese carisma el que llevó a Charles a posicionarse en el pedestal de la fama, casi como si fuera un actor de Hollywood.

El libro de Bugliosi se transformó en serie televisiva en 1976, *Los crímenes del clan Manson y su familia*. Fue uno de los primeros productos de ficción que se basaron en la vida de Charles y en los asesinatos. En 1984, se estrenó el filme *Manson Family Movies* y, en 1990, se presentaron dos musicales que hacen referencia al líder de «la Familia»: *The Manson Family* y *Assassins*. Más de una década después, en 1998, la serie televisiva animada *South Park* presentó un capítulo dedicado a Manson, «Merry Christmas, Charlie Manson!».

Por su parte, la pantalla grande también se hizo eco de la popularidad de Manson, con varias películas en las que Charles fue el personaje principal: *The Manson Family* (2003); *Helter Skelter* (2004); *Live Freaky! Die Freaky!* (2006); *House of Manson* (2014); *Honky Holocaust* (2014); *Charlie Says* (2018); *The Haunting of Sharon Tate* (2019), y *Once Upon a Time in Hollywood* (2019), esta última dirigida por Quentin Tarantino. Entre las series televisivas en las que la aparición de Manson resulta un elemento interesante en la trama se destacan *Aquarius* (2015-2016), *Mindhunter* (2017) y *American Horror Story* (2011).

También, se realizaron innumerables películas documentales sobre el personaje. Entre las más importantes se pueden mencionar *Manson* (1973), *Charles Manson Superstar* (1989), *Life After Manson* (2014), *Murder Made Me Famous, Charles Manson: What Happened?* (2017), *Inside The Manson Cult: The Lost Tapes* (2017) y *Charles Manson: The Funeral* (2019).

A su vez, existe un centenar de obras biográficas o ensayos sobre los asesinatos planeados por Manson. Algunos de los más valorados son: *The Family*, de Ed Sanders; *The White Album*, de Joan Didion; *Manson In His Own Words*, de Charles Manson y Nuel Emmons; *Member Of the Family...*, de Dianne Lake; *Manson, The Life And Times Of Charles Manson*, de Jeff Guinn; y *Las chicas*, de Emma Cline, una novela que enfoca la historia a través de esas mujeres jóvenes que se acercaron a Manson con ingenuidad y terminaron envueltas en crímenes espantosos.

Su legado musical

La historia de Manson en el mundo de la música se remonta a mayo de 1966, cuando el agraciado delincuente se hallaba recluido en la prisión de McNeil Island y le faltaba poco menos de un año para recuperar su libertad. Las autoridades de la cárcel recibían los informes de los presos y, sobre Charles, podía leerse lo siguiente: «Ha pasado la mayor parte del tiempo escribiendo canciones. Lleva acumuladas alrededor de 80 o 90. También toca la guitarra y la batería. Tiene la esperanza de poder conseguir un empleo como guitarrista, batería o cantante».

Recordemos que habían transcurrido dos años desde que Alvin Karpis —un famoso delincuente de la época— le había enseñado a tocar la guitarra. Unos meses después, ya en la prisión Terminal Island, Manson conoció a Phil Kaufman, un productor vinculado con la industria de la música.

Finalmente, Kaufman quedaría en la historia como el responsable de editar el primer disco de Charles Manson. Después de que fuera liberado, Charles contactó con Gary Stromberg por recomendación de Phil. Entre 1967 y 1968, Gary le ayudó a grabar las canciones en un estudio profesional, y Manson presionó después a Kaufman para editar y distribuir el disco.

Y lo consiguió. El 6 de marzo de 1970, 2.000 copias de un álbum titulado *Lie: The Love and Terror Cult* fueron puestas a la venta, aunque solo lograron venderse 300. La portada del álbum era una imitación de la famosa portada de *Life* del 19 de diciembre de 1969 con el retrato de un Manson endiablado. Pero la portada del disco mostraba un cambio —sutil, pero no menos importante—, con relación a la de la revista: la palabra «Life» había sido reemplazada por «Lie» ("mentira").

El álbum fue editado por el sello discográfico Awareness Records. Contenía 13 canciones que, en principio, poco tenían que ver con la mente de un asesino en serie. La música y las composiciones mostraban un folk intimista y delicado con letras desgarradas, crudas y sinceras. Una de esas canciones era «Cease to Exist», un tema que ya habría sido editado en el álbum de una banda muy importante del momento: The Beach Boys.

En efecto, hay una versión que relata que Manson grabó muchas de sus canciones en el estudio de la banda y, aunque los integrantes lo negaron siempre, algunos testigos y uno de los técnicos aseguran que esas grabaciones existieron y que fueron destruidas.

Se sospecha que los Beach Boys conocían las canciones de Manson, prueba de ello es la versión que realizaron de «Cease to Exist», a la que llamaron «Never Learn Not to Love» (en ella "dejar de existir" pasó a ser "dejar de resistir"). Se supone que Dennis Wilson también efectuó cambios musicales y el ritmo pop sustituyó al blues original. Manson habría enfurecido cuando se enteró, pero no podía hacer nada: había vendido los derechos por dinero y una motocicleta BSA.

Después de su detención por los crímenes Tate-LaBianca, Manson tuvo que ingeniárselas para difundir su música. En 1970, «la Familia» grabó un álbum titulado *The Family Jams*. Contiene 28 canciones escritas por Manson, aunque la única voz es la de Steve "Clem" Grogan. Otros miembros que aparecen son: Sandra Good, Lynette Fromme, Catherine "Gypsy" Share y Catherine "Cappy" Gillies. El disco fue lanzado a la venta 27 años después de los asesinatos.

Ya en prisión y durante la década de 1980, Manson realizó muchas grabaciones. Se tiene certeza de que fueron al menos una docena de canciones y varias de ellas están en diferentes álbumes, como *Commemoration*, *Live at San Quentin* y *The Way of The Wolf*.

Desde aquellos años hasta ahora, la imagen de Manson no ha hecho más que crecer hasta convertirse en inspiración para varios músicos. Así, varios grupos e intérpretes grabaron sus canciones, realizaron temas inspirados en él o utilizaron iconografía «mansoniana» en la estética de sus discos. Por ejemplo, la banda japonesa de doom metal, Church of Misery, compuso varias canciones inspirándose en Charles, así como Negative

FX, una banda de hardcore punk de Boston que usó la imagen de Manson en la portada de su álbum *Doomsday Recitation*.

Por su parte, el conocido artista Marilyn Manson —cuyo nombre original es Brian Hugh Warner— creó su nombre artístico a partir de los dos íconos de la cultura norteamericana: Marilyn Monroe y Charles Manson. En su canción «My Monkey», utiliza algunos versos de «I'm a Mechanical Man», obra del líder de «la Familia», así como grabaciones con su voz.

Otras bandas también lo tienen como fuente. Nine Inch Nails montó un estudio casero en la célebre casa de Cielo Drive para grabar parte de su disco *The Downward Spiral*. System of a Down escribió la canción «ATWA» para reflejar su apoyo a la causa ecológica que transmitía Manson a través de una organización que llevaba el nombre homónimo: ATWA es el acrónimo de *air, trees, water and animals* ("aire, árboles, agua y animales"). Además, el grupo mencionó a Manson en los agradecimientos de su disco *Toxicity*.

También, Ozzy Osbourne —cantante de Black Sabbath— reconoció la influencia de Manson y, en 1988, escribió «Bloodbathin Paradise», donde hace mención del asesino: «Estás llegando a casa / Las paredes están manchadas de sangre / Cuando Charlie y "la Familia" llaman por teléfono. / Si tú estás solo. / Entonces mira lo que haces. / Porque Charlie y "la Familia" pueden ir a por ti».

Uno de los ejemplos más significativos tiene como protagonista a Axl Rose, el líder de los Guns N' Roses. Para el álbum *The Spaghetti Incident?*, de 1993, la banda interpretó un tema compuesto por Charles: «Look at Your Game, Girl». La inclusión de esa canción causó gran polémica en la opinión pública, los seguidores del grupo e, incluso, en el interior de la banda. Pero, finalmente, la pieza quedó en el disco y fue interpretada en recitales por todo el mundo.

Manson lo había logrado: su imagen se replicaba una y otra vez, como si fuera una estrella de rock. Al fin era famoso. No importó que fuera un asesino ni que estuviera condenado a cadena perpetua.

Capítulo 7

DEL JUICIO
HASTA LA MUERTE

Manson pasó tres cuartas partes de su vida encerrado en hogares para niños, reformatorios y prisiones. De los 83 años que vivió, 63 estuvo recluido en algún establecimiento. Eso muestra que las autoridades policiales y judiciales le consideraban un peligro para la sociedad. Sin embargo, a pesar de haber estado tanto tiempo tras las rejas, bastaron poco menos de tres años de libertad para instigar una serie de asesinatos que quedaron marcados a fuego en la historia del crimen.

De esta forma, entre marzo de 1967, cuando es liberado después de cumplir condena, hasta diciembre de 1969, momento en que es detenido por los asesinatos perpetrados por «la Familia», Manson actuó de un modo macabro, letal y sanguinario.

Después de ser juzgado por los asesinatos de Cielo Drive y en la casa de los LaBianca, Charles pasó los siguientes 47 años en diferentes cárceles de Estados Unidos: San Quintín (1971-1972); Folsom (1972-1976); Vacaville (1976-1985); de nuevo San Quintín (1985-1989), y finalmente, Corcoran, la prisión en la que estuvo hasta el día de su muerte en 2017.

Y durante esos 47 años hizo lo que la mayoría de los convictos hacen en prisión: miró televisión, escuchó la radio, leyó periódicos, recibió y respondió correspondencia, tocó la guitarra y recibió visitas. También cometió varias infracciones, unas 110 en total.

En una ocasión, los agentes de seguridad descubrieron un teléfono móvil entre sus pertenencias y, en muchas otras ocasiones, armas de fabricación casera. Varias veces terminó en la celda de aislamiento durante largos períodos de tiempo. En definitiva, llevó a cabo actos y vivió situaciones comunes, como cualquier recluso en la cárcel.

Sin embargo, su vida en la prisión destacó sobre el resto por la atención pública que acapararon sus audiencias judiciales para solicitar la libertad condicional, así como por las solicitudes de entrevistas de los más importantes medios de comunicación de

Estados Unidos y del mundo. A pesar de la condena y del confinamiento, la opinión pública siempre quiso saber de él, por lo que Charles Manson centró la atención de innumerables periodistas que pretendían desentrañar la mente perversa de unos de los criminales más famosos del siglo xx.

—¿Por qué seguimos hablando sobre él?— le preguntaron al fiscal Bugliosi varios años después de los crímenes.

El funcionario judicial ensayó una respuesta para intentar entender el «fenómeno Manson»:

—Hay muchas clases de hombres malvados, y ha habido asesinatos más brutales que los suyos. Pero había algo en él que solo tiene un hombre en un millón. Un aura. «Una vibra», como decían los chicos en los años 60. Donde quiera que fuera, los jóvenes le seguían. No era algo normal.

Manson fue un personaje fuera de lo común e, incluso en prisión, siguió seduciendo a quien lo escuchara. Por morbo o fascinación, sus prédicas tuvieron muchos oyentes y seguidores. Pero ya no hacía falta un enorme rancho en medio del desierto para lograr toda esa atención, la consiguió en espacios mucho más pequeños pero replicados: las pantallas de millones de televisores en todo el mundo. El lugar ideal para fascinar a adeptos y a ajenos a su vida.

Doce oportunidades para la libertad condicional
Cuando la Corte Suprema de Justicia de California declaró inconstitucional la pena de muerte, no solo permitió a Manson continuar viviendo, sino también tener la posibilidad de optar a algo fortuito e inesperado: solicitar la libertad condicional. En

Jóvenes integrantes de «la Familia» protestan por la encarcelación de Charles Manson. Se identifican con la cruz que grabaron en sus frentes. Los Ángeles, enero de 1971.

total y a lo largo de los años, Charles participó en 12 audiencias en las que tuvo la oportunidad de convencer a la justicia de que estaba en condiciones para vivir fuera de la prisión.

Pero nunca lo consiguió. Los diagnósticos psiquiátricos —esquizofrenia y trastorno delirante paranoide— fueron clave en el momento de la toma de decisión por parte de las autoridades. Se estableció que tenía un grave comportamiento controlador y dificultades mentales que lo convertían en un sujeto peligroso.

La primera audiencia se realizó en noviembre de 1978, en el Centro Médico de California en Vacaville. Durante la audiencia de tres horas, Manson negó haber orquestado los asesinatos. Cuando le preguntaron sobre cuáles serían sus planes si quedaba en libertad condicional, dijo: «Mi plan sería ir al desierto, vivir de la tierra y hablar con los animales». Después del receso, el presidente de la junta comunicó que el convicto no era apto para salir en libertad.

Charles se negó a asistir a la segunda audiencia que se celebró en noviembre de 1979, pero envió una carta manuscrita de siete páginas, 200 dólares ficticios y una tarjeta del juego de mesa Monopoly. El tercer encuentro fue un año después. Manson se presentó y, de nuevo, la opción de la libertad condicional fue rechazada. Para la cuarta audiencia, en 1981, Manson facilitó el trabajo de los responsables de decidir su futuro, les dijo: «No estoy listo para la libertad condicional». Al año siguiente, Charles desistió de acudir a su quinta posibilidad de obtener la libertad.

La sexta audiencia tuvo lugar en San Quintín, en 1986. Un Manson con pelo largo y canoso y con barba leyó un documento de 20 páginas, y nada más terminar de hacerlo, se retiró abruptamente de la sala sin escuchar el veredicto.

En 1989 llegó la hora del séptimo encuentro, pero Manson no entró en la sala, porque no estaba de acuerdo en presentarse con las esposas y la cadena en su cintura. El 21 de abril de 1992 se produjo la octava audiencia. El tribunal le preguntó si sentía remordimiento por las víctimas. El líder de «la Familia» respondió cínicamente: «Ustedes aseguran que yo soy culpable de todo lo que tienen en el papel, así que sería lógico que debiera tener remordimientos por lo que ustedes piensan que es la realidad».

El noveno encuentro fue más particular, ya que se transmitió por televisión. Era marzo de 1997 y Manson entró en la sala con su pelo gris y unas gafas de sol. En una de las declaraciones aseguró que había matado a mucha gente en su vida, que había sido condenado por cosas que no hizo y lo dejaron libre por las cosas que hizo.

Charles faltó a la décima audiencia en el año 2002. Otra vez se negó a estar esposado durante su permanencia en la sala. Se trataba del primer encuentro en el que asistiría Debra Tate, la hermana de Sharon. «Me gustaría decirle todo lo que pienso», declaró a la prensa, pero ya no tendría oportunidad.

Manson volvió a ausentarse de la undécima y la duodécima audiencias, que tuvieron lugar en 2007 y 2012, respectivamente. Sus constantes infracciones dentro de la cárcel y su falta de interés en cualquier programa de rehabilitación y evaluación psiquiátrica le jugaban en contra. El tribunal dictaminó lo esperable: negarle la posibilidad de libertad condicional en ambas oportunidades. En 2012 fijaron la fecha del próximo encuentro para evaluar a Charles: debería haberse realizado quince años después, es decir, en 2027.

Las entrevistas

«Nadie. Soy nadie. Soy una trampa, un holgazán, un vagabundo... Un furgón y una jarra de vino... Y una navaja afilada si te me acercas.»

Ese tipo de declaraciones entre filosóficas y literarias, a la vez que temerarias y excéntricas se hicieron comunes en boca de Manson durante la década de 1980 y parte de los años 90. Y tuvo la oportunidad de decirlas desde una pantalla de televisión.

En ese período, fue convocado varias veces por canales que querían tener su testimonio histriónico en el «*prime time*» de sus programaciones, el horario más visto. Manson generaba audiencia, atraía a los televidentes, y supo sacarle provecho. Esos años fueron su era dorada en los medios de comunicación masivos. Gracias a su lengua afilada, sus testimonios quedaron registrados en una antología de frases célebres.

Pero no era solo lo que decía, Manson se valía de ese espacio para realizar también sus «performances». Los encuentros con los entrevistadores no eran muy pacíficos, ni se parecían a una conversación tranquila entre dos personas, una sentada frente a la otra, para intercambiar preguntas y respuestas. El líder de «la Familia» —con su esvástica tatuada en la frente— solía estar de pie durante buena parte del reportaje y, a veces, dejaba de lado las palabras y respondía con danzas de movimientos indescifrables. También le gustaba cantar. Fueron momentos increíbles en la televisión.

Uno de esos primeros entrevistadores fue Tom Snyder, en 1981, para el programa «The Tomorrow Show», del canal NBC. Manson se mostró con la típica indumentaria de presidiario —camisa y pantalón azules—, el pelo largo y la barba tupida. En un primer momento, mostró una mirada esquiva, pero a medida que avanzaba la conversación fue explayándose con sus conceptos más salvajes e incomprensibles, hasta el punto de que el mismo Snyder confesó que no se había sentido cómodo durante la entrevista y, además, dio su parecer sobre Charles: «Es un chiflado».

En febrero de 1986, Charlie Rose realizó un reportaje a Manson para el programa «News Nightwatch», del canal CBS, que ganó el premio Emmy a la mejor entrevista del año. Durante todo el encuentro, Charles se mostró desafiante y hasta enfadado. Cuando Rose le preguntó por los crímenes en Cielo Drive y en la casa de los LaBianca, Manson fue cortante: «No hay asesinato en la guerra santa». Luego negó haber sido líder de «la Familia» y redujo la cuestión en una sola frase: «Solo tengo una motocicleta y una guitarra, y las chicas me siguen». En un momento, Rose le preguntó sobre cómo se sentía al ser percibido como un monstruo por el resto de la sociedad. «¡Yo no ordené que mataran a nadie, hombre!», respondió Manson, muy ofuscado.

Sin embargo, el punto cúlmine del encuentro fue cuando Charles comenzó a cantar una canción de *The White Album* de los Beatles: «Why Don't We Do It in the Road?».

Heidi Schulman —corresponsal del programa «Today Show»— se acercó en 1987 hasta la prisión de San Quintín para entrevistar al convicto más famoso de Estados Unidos. El motivo era la publicación del libro *Manson In His Own Words*, que habían escrito el propio Charles y un excompañero de celda, Nuel Emmons.

Durante la mayor parte del encuentro, Manson se mostró verborrágico y permaneció de pie, caminando como un felino encerrado en una jaula. En ciertas ocasiones, apoyaba sus dos manos en la mesa que lo separaba de Heidi y divagaba mientras la miraba fijamente. En un momento le dijo: «Sabes que tienes alrededor de 10 libras de sobrepeso, ¿verdad?». Quedó tan claro su perfil psicológico que, 20 años después, la entrevista fue repetida por MSNBC en un programa que titularon «The Mind of Manson».

El popular presentador de televisión Geraldo Rivera también tuvo la oportunidad de entrevistarlo en 1988. Se trató de uno de los reportajes más recordados por el ritmo de ida y vuelta que se generó entre ambos. Los dos pasaron la mayor parte de la hora y media que duró la entrevista discutiendo, mientras Manson iba y venía por la habitación, en una constante batalla de preguntas y respuestas.

En un momento, Rivera le dijo que era un hombre malvado. En otro, Charles le aseguró que iba a matarlo si el reportaje no salía como él quería. Luego, ambos continuaron la conversación sentados en el suelo. La frase que quedó rebotando en las mentes de los televidentes no hizo otra cosa que potenciar la idea que se tenía sobre Manson, que era un asesino: «Voy a cortar a más de ustedes. Voy a matar a todos los que pueda. Y los voy a apilar hasta el cielo».

En 1988, Manson dialogó con el director de cine Nicholas Shreck. Charles había cambiado de aspecto y se mostró con el pelo y la barba recortados, pero no pudo con su genio y concluyó la entrevista con su camisa desabrochada y dando su testimonio de pie. Buena parte de ese material fue utilizado para el documental *Charles Manson Superstar*, que se estrenó al año siguiente.

Penny Daniels es otra periodista que aceptó el desafío de entrevistar a Manson en 1989. Desde el primer momento, Charles la provocó. Al entrar en la sala con gafas de sol y gesto altanero, comenzó a preguntar insistentemente: «¿Dónde está el periodista francés?».

Después de esos primeros minutos de confusión, Daniels supo contrarrestar su maltrato e iniciar el reportaje tal cual lo tenía previsto. A partir de ese momento, Manson comenzó su show. En ciertas ocasiones representó al tipo malo, y en otras contestaba serio y sincero. También, se reía como un maníaco, saltaba, bailaba y gritaba sin previo aviso. Habló sobre música, ecología y volvió a negar su participación en los hechos de agosto de 1969.

> —Sentí que podía saltar sobre la mesa y estrangularme si quisiera y que nadie podría detenerlo— confesó años después la periodista.

Una de las últimas entrevistas importantes en la vida mediática de Manson fue la que le realizó Diane Sawyer para el canal ABC, en 1993, en la que Charles aparece frente a cámara con un aspecto desaliñado y aterrador. Tenía el cabello muy largo y grasiento. Durante todo el reportaje se mantuvo sentado y esposado. A lo largo de la conversación, Manson habló particularmente de su infancia y negó su condición de manipulador. En un momento, apuntó sus ojos magnéticos directamente a la cámara e interpeló a los espectadores:

—Todos ustedes trataron de matarme durante los últimos 25 años, y todavía estoy aquí. ¿Ahora qué?

Cuando concluyó la charla entre Manson y Sawyer, los asistentes del programa se acercaron al convicto y pidieron sacarse fotos con él. Incluso la misma periodista lo hizo. Charles accedió sin problema y, mientras posaba para las cámaras con una cara expresiva y sonriente, advertía sobre una situación que venía repitiéndose en diferentes entrevistas:

—A todos les gusta el personaje que han creado. Deberían saber que esos personajes no son verdaderos en la vida real.

Después de este reportaje, el estado de California prohibió el uso de cámaras de filmación durante las entrevistas a los prisioneros. Manson se molestó muchísimo por la decisión: ya no podría hacer su «show» para millones de personas desde una pantalla. A partir de ese momento, se comenzó a saber menos de él. De todos modos, el presidiario más famoso había conseguido su cometido: convertirse en una leyenda del crimen.

Psicología, el ataque de Jan y su última chica

Al margen de las entrevistas televisivas a las que era convocado y las audiencias por su libertad condicional, la vida de Manson en prisión tuvo otros momentos especiales y muy recordados.

Uno de ellos ocurrió a finales de la década de 1970, cuando el detective del FBI, John Douglas, solicitó un encuentro con él. El agente era parte del equipo que estaba poniendo en marcha la metodología para definir los perfiles psicológicos de los criminales y tenía la intención de entrevistarse con los asesinos en serie más notorios de la época para confeccionar un patrón de conducta y mentalidad sobre este tipo de delincuentes. Su objetivo principal era descubrir qué les había motivado a matar.

Charles aceptó con la esperanza de que esa colaboración le otorgara ciertos beneficios, como una posible liberación. No se tiene certeza de la cantidad de encuentros que mantuvieron el convicto y el detective, pero sí se sabe cuál fue la actitud de Charles en cada una de esas reuniones.

«Tan pronto entró en la habitación, se subió al respaldo de una silla en la cabecera de la mesa para poder dominarnos desde una posición superior, tal como solía sentarse sobre una roca para predicar a su familia de seguidores», escribió Douglas unos años después.

Las reuniones modificaron el punto de vista previo del detective sobre las motivaciones y habilidades de Manson. Y las conclusiones a las que llegó fueron distintas a la idea general que tenía la opinión pública. Para Douglas, la personalidad de Manson no se correspondía con el personaje sanguinario, perverso y satánico:

—No se trataba de un maestro criminal. Era un maestro manipulador, y había desarrollado ese talento como mecanismo de supervivencia. No fantaseaba con la tortura o el asesinato como otros de los delincuentes que he tratado. Fantaseaba con ser rico y famoso como una estrella de rock.

Douglas escribió, junto a su colega Mark Olshaker, el libro *Mindhunter: cazador de mentes*, en 1995. Años después, el texto inspiraría *Mindhunter*, la exitosa serie de ficción de Netflix.

Otro episodio importante de su vida en la cárcel ocurrió el 25 de septiembre de 1984. Ese día estuvo muy cerca de la muerte en la sala de entretenimiento de la prisión de Vacaville. Jan Holmstron —un hare krishna de 36 años, parricida y consumidor de LSD— lo roció con un bote de disolvente para pintura y luego arrojó una cerilla encendida sobre él. Charles sufrió quemaduras de segundo y tercer grado en el 20% de su cuerpo, principalmente en la cara, cuero cabelludo y manos.

Inmediatamente fue trasladado a la enfermería donde recibiría las primeras curas. Después, Holmstron dijo a las autoridades carcelarias cuál había sido el motivo: «Dios me pidió que matara a Manson». Esta explicación mística también se complementaba con el permanente hostigamiento que el hare krishna recibía por parte de Charles. Cada día, el líder de «la Familia» lo cuestionaba de mala manera por sus creencias religiosas. Finalmente, Manson regresó a su celda después de un ingreso en el hospital penitenciario que duró cuatro meses.

***

En agosto de 2014, la figura de Manson volvió a llamar la atención de la opinión pública después de que los principales medios de comunicación dieran a conocer el testimonio de Afton Elaine Burton. La joven, de 26 años, declaró que estaba profundamente enamorada de Charles y que quería casarse con él. En 2007, Afton se mudó a Corcoran para estar cerca de la cárcel y poder visitarlo con más facilidad.

Según ella, no era su fama de asesino lo que la había acercado a Manson, sino su activismo ecológico. La joven se encargaba de administrar una cuenta de Facebook y otra de Tumblr, en las que defendía y apoyaba a su pretendido. Lo visitaba cada sábado y domingo, durante cinco horas. Además, cada tres meses, le preparaba una caja de regalos a la que Charles tenía derecho. En ella ponía cacahuetes,

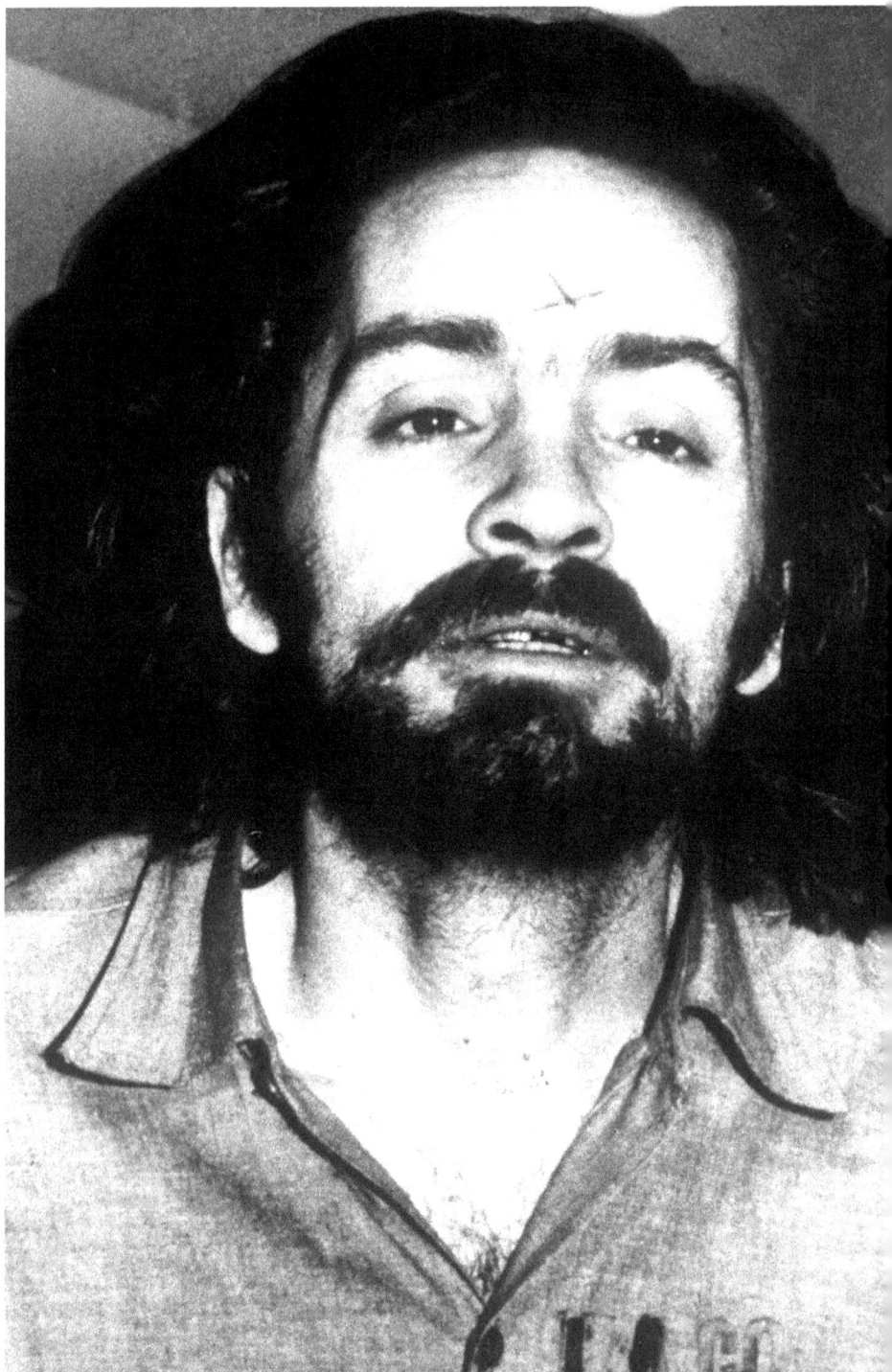
Charles Manson se dirige a la corte de Los Angeles, 6 de agosto de 1970.

semillas de girasol y de calabaza, barras de proteínas, sopa, vitaminas, galletas, caramelos para la tos, tés, y otras cosas, como camisetas, una afeitadora eléctrica y cuerdas para guitarra. Como gesto de amor y admiración, Afton se tatuó una X en la frente.

El 7 de noviembre pidieron un permiso de matrimonio que les permitiría unirse legalmente como pareja. Pero, finalmente, la boda no se celebró; por un lado, porque había expirado el tiempo para llevar adelante el trámite de la unión y, por otro, porque Manson decidió no hacerlo. Al parecer, sospechó sobre un plan macabro que su novia estaría urdiendo en su contra, y los años terminaron dándole la razón. Tiempo después, Afton confesó que su verdadero objetivo había sido beneficiarse de la imagen del criminal. La idea era exponer públicamente el cuerpo del asesino en serie más famoso una vez muerto. Lo haría en una cripta de cristal en California y cobraría por visitarla.

El final de Charles

Los últimos días de Manson en prisión eran rutinarios, quizá demasiado tediosos para un hombre con una mente tan frenética. Pero no tenía opción, estaba encerrado y, aunque a lo largo de su vida no se había destacado por cumplir las normas, debía respetar el régimen de la cárcel. Cada mañana, después de levantarse y asearse, iba en busca de su desayuno. Luego regresaba a la celda y dormía una siesta.

Continuaba con la comida y volvía a descansar un poco más. Al despertarse, caminaba de un lado a otro y, tal vez, jugaba un partido de ajedrez. Así llegaba la cena y el regreso definitivo a su calabozo. A las ocho y cuarenta y cinco, la puerta se cerraba hasta el día siguiente. Durante esos días declaró: «Mi mejor amigo está en esa celda», aunque el que estuviera en la celda fuera él mismo.

Manson compartía su estancia en la cárcel con unos quince asesinos y criminales, tanto o más sanguinarios que él, pero se llevaba bien con ellos. Cada tanto recibía correspondencia de personas que lo admiraban y le manifestaban su devoción. En ocasiones, respondía algunas de esas cartas con un autógrafo y una dedicatoria enigmática que rezaba: «Un integrante de un culto hippie me obligó a hacerlo».

Los fines de semana recibía, además, visitas de amigos a los que había conocido en Rancho Spahn a lo largo de la década del 60. Uno de ellos era «Gray Wolf» o "Lobo Gris", apodo que Manson había puesto a Craig Hammond, un seguidor que también se había tatuado la X en la frente. Charles hacía, asimismo, negocios con un coleccionista llamado Ben, que se dedicaba a subastar sus pertenencias: fue buena idea y, de hecho, un par de sandalias suyas llegaron a cotizarse en 5.000 dólares.

El año 2017 no empezó bien para Charles. El 5 de enero ingresó de urgencia por una hemorragia gastrointestinal. Fue trasladado desde la prisión hacia el hospital Mercy, en el centro de Bakersfield. Necesitaba que le operaran para reparar una lesión, pero los doctores consideraron que estaba demasiado débil para soportar la cirugía, así que fue devuelto a la prisión el 6 de enero. Su salud siguió deteriorándose paulatinamente a lo largo del año, y todo empeoró cuando fue diagnosticado con un cáncer de colon.

El 12 de noviembre Manson cumplió 83 años. Cuatro días después, volvió a ingresar en el hospital, estaba extremadamente grave. Lo hizo en el mismo centro sanitario de Bakersfield, donde le sedaron. Presentaba un cuadro de insuficiencia respiratoria. En esos días de agonía, comenzó a resonar una frase que Charles había dicho meses antes, durante una entrevista telefónica: «No soy el ser humano más famoso en vida, sino el más famoso que haya existido jamás». Y añadió: «¿Qué crees que va a pasar cuando muera?».

A las ocho y trece de la noche del 19 de noviembre de 2017, Charles Manson falleció a causa de un paro cardíaco. Estaba solo y encadenado a la cama. Quince minutos después, Debra, la hermana menor de Sharon Tate, recibió la llamada telefónica desde la cárcel de Corcoran. Su corazón se aceleró. Ella también estaba sola y su dolor continuaba intacto. Sin embargo, ese día algo había cambiado para siempre: el responsable del asesinato de su hermana había muerto.

El cuerpo de Manson fue motivo de litigio judicial entre las tres partes que se adjudicaban el derecho *post mortem* de sus restos y pertenencias. Finalmente, el tribunal de California decidió a favor de Jason Freeman —nieto de Charles—, que optó por velarlo en una funeraria en Porterville, California, cuatro meses después del deceso.

Al funeral asistieron unas 25 personas. Luego fue incinerado y sus cenizas esparcidas en un lugar lleno de árboles donde surcaba un arroyo. Algunos de sus seguidores participaron de la ceremonia y llegaron a frotar los restos convertidos en polvo de Manson sobre sus caras. Jason quiso que ese sitio se mantuviera en secreto para que no se transformara en un lugar turístico. Así concluía la historia del responsable de aquellos asesinatos sangrientos y perturbadores, el hombre que clavó un puñal en el corazón del sueño hippie. Charles cambió una época, se convirtió en mito y su apellido resuena en las sombras de nuestro lado oscuro.

Todavía hoy, el mundo sigue cayendo en su trampa: el personaje fascina y embelesa con su hipnótica mirada desde las fotografías de archivo e invita a recorrer el morbo de una aventura sangrienta.

Una aventura cristalizada en el potente retrato de «Charles Manson, cult leader» con un título paradójico: «The Love and Terror Cult». (*)

Los subtítulos aclaran, por fin, la confusión:
«The man who was their leader
The charge of multiple murder
The dark age of hippie life»

December,19 – 1969. (**)

(*) "Charles Manson, líder de culto" / "El Amor y el Culto del Terror".

(**) "El hombre que fue su líder; Los cargos por asesinatos múltiples; La época oscura de la vida hippie".

PERFIL CRIMINAL

Nacionalidad: estadounidense.

Nacimiento: Cincinnati, Ohio, 12 de noviembre de 1934.

Nombre: Charles Milles Maddox, apellido que le dio su madre Kathleen de 16 años. Manson proviene de su padrastro, William Manson. Walter Scott fue su padre biológico.

Infancia y juventud: abandonado en varias oportunidades por su madre, pasó la mayor parte de su vida en reformatorios y cárceles.

Esposas e hijos: se casó dos veces y tuvo tres hijos.

Perfil: manipulador, carismático, ladrón y homicida. Fundador del clan denominado "la Familia" para fines delictivos.

Tipo de víctimas: mayoritariamente, mujeres jóvenes a las que sometía sexualmente, y hombres a los que cautivaba para lograr sus propósitos.

Crímenes: autor confeso de delitos menores y homicidios. Conspiró e instigó los crímenes de las residencias Tate-LaBianca en 1969. Sin embargo, nunca se declaró culpable.

Modus operandi: seducía con su música y su encanto a los jóvenes proclamando una nueva religión en la que él se consideraba el Elegido, Helter Skelter.

Condena: sentenciado a la pena de muerte, conmutada por cadena perpetua, murió a los 83 años a causa de cáncer y un paro cardiorrespiratorio.

Bibliografía

Bardsley, Marilyn. *Charles Manson and the Manson family*. Crimen Library, 2015

Bugliosi, Vincent y Gentrey, Curt. *Helter Skelter: La verdadera historia de los crímenes de la Familia Manson*. CONTRA, 2019

Cline, Emma. *Las chicas*. Anagrama, 2016

De Caro, Sebastián. *Cielo Drive*. Reservoirs Books, 2019

Guinn, Jeff. *Manson, the life and times of Charles Manson*. Simon & Schuster, 2014

Howard, Dylan y Tillett, Andy. *The Last Charles Manson Tapes: Evil Lives Beyond the Grave*. Simon & Schuster, 2019

Krajicek, David. *Charles Manson: The Man Who Murdered the Sixties*. Arcturus Publishing, 2019

Lake, Dianne y Herman, Deborah. *Member of the Family: My Story of Charles Manson, Life Inside the Cult, and the Darkness that Ended the Sixties*. William Morrow, 2018

Manson, Charles y Emmons, Nuel. *Manson In His Own Words*. Atlantic Books, 2019

O'Neill, Tom. *Manson. La Historia Real*. Roca Editorial, 2019

Sanders, Ed. *The Family*. De Capo Press, 2002

TÍTULOS DE LA COLECCIÓN

ALEXANDER PICHUSHKIN
EL ASESINO DEL AJEDREZ

* * *

PEDRO ALONSO LÓPEZ
EL MONSTRUO DE LOS ANDES

* * *

HAROLD SHIPMAN
EL DOCTOR MUERTE

* * *

ARQUÍMEDES PUCCIO
EL SINIESTRO LÍDER DEL CLAN

* * *

GILBERTO CHAMBA
EL MONSTRUO DE MACHALA

* * *

MARY BELL
LA NIÑA ASESINA

* * *

DONATO BILANCIA
EL ASESINO DEL TREN

* * *

JACK EL DESTRIPADOR
EL TERROR DE WHITECHAPEL

* * *

MANUEL DELGADO VILLEGAS
EL ARROPIERO: UN PSICÓPATA NECRÓFILO

* * *

JEAN-CLAUDE ROMAND
EL PARRICIDA MITÓMANO

www.ingramcontent.com/pod-product-compliance
Lightning Source LLC
Chambersburg PA
CBHW060436090426

42733CB00011B/2301